Para John

# Joan Didion

# Para John

Tradução
Marina Vargas

HarperCollins

Rio de Janeiro, 2025

Título original: *Notes to John*



| | |
|---|---|
| COPIDESQUE | Thaís Lima |
| REVISÃO | Suelen Lopes e Thaís Carvas |
| DESIGN DE CAPA | John Gall |
| IMAGEM DE CAPA | © Annie Leibovitz |
| ADAPTAÇÃO DE CAPA | Guilherme Peres |
| DIAGRAMAÇÃO | Abreu's System |

Dados Internacionais de Catalogação na Publicação (CIP)
(Câmara Brasileira do Livro, SP, Brasil)

Didion, Joan, 1934-2021
Para John / Joan Didion ; tradução Marina Vargas. – Rio de Janeiro : HarperCollins Brasil, 2025.

Título original: Notes to John
ISBN 978-65-5511-812-4

1. Didion, Joan, 1934-2021 – Casamento 2. Didion, Joan, 1934-2021 – Diários 3. Didion, Joan, 1934-2021 – Família 4. Ensaios norte-americanos 5. Escritoras norte-americanas – Autobiografia I. Título.

25-277776 CDD-818.5409

Índices para catálogo sistemático:

1. Escritoras norte-americanas : Diários 818.5409

Cibele Maria Dias – Bibliotecária – CRB-8/9427

HarperCollins Brasil é uma marca licenciada à Casa dos Livros Editora Ltda.


Rua da Quitanda, 86, sala 601A – Centro
Rio de Janeiro/RJ – CEP 20091-005
Tel.: (21) 3175-1030
www.harpercollins.com.br

Pouco depois da morte de Joan Didion, em 2021, um compilado de cerca de cento e cinquenta páginas não numeradas foi encontrado em um pequeno arquivo de documentos próximo a sua escrivaninha. No arquivo, ela guardava uma variedade de itens (os bilhetes do porteiro referentes à noite de 2003 em que seu marido John Gregory Dunne morreu; uma cópia do discurso que fez no casamento da filha Quintana; confirmações de reserva no Hotel Bristol, em Paris; uma lista de convidados para festas de Natal; senhas de computador). As páginas compõem uma espécie de diário no qual Didion relatava sessões com um psiquiatra, a maioria delas em 2000. Os relatos são dirigidos a John. Ele é o "você" no manuscrito.

As cento e cinquenta páginas parecem ter sobrevivido apenas nessa única versão, que se encontra agora no arquivo Didion/Dunne da Biblioteca Pública de Nova York. O acervo foi confiado à biblioteca pelos herdeiros de Didion, filhos de seu falecido irmão. Nenhuma restrição foi imposta ao acesso.

Didion começou a se consultar com o psiquiatra Roger MacKinnon em 15 de novembro de 1999. Fez seis sessões com ele, então começou a escrever os relatos para John. Os textos compreendem seus pensamentos e reflexões a respeito das sessões, que também envolveram, separadamente, outros psiquiatras renomados. O diário termina pouco mais de um ano após o início da terapia. Inclui o relato de uma sessão com MacKinnon, em 7 de junho de 2000, da qual John também participou, o que leva a deduzir que os escritos não tinham como objetivo único mantê-lo atualizado. Ele não precisava ser informado a respeito do que fora discutido naquele dia. Estivera presente.

Alguns dos temas abordados no diário aparecem no último livro escrito por Didion, *Noites azuis*, uma reflexão sobre a vida da filha. A autora começou a se consultar com MacKinnon porque Quintana dissera ao psiquiatra com o qual se tratava que a mãe estava deprimida e deveria conversar com alguém. O terapeuta acreditava que a relação entre mãe e filha estava no cerne dos problemas de Quintana, que ele próprio vinha tentando resolver, sem sucesso. MacKinnon e o psiquiatra trabalharam em conjunto. Ao longo das sessões de terapia, MacKinnon encorajou Didion a refletir a respeito de sua relação com os próprios pais, do envelhecimento, do medo dos outros e da importância do trabalho.

Há uma carta no computador de Didion, datada de março de 2001 e endereçada a uma velha amiga da Califórnia, na qual ela descreve os "anos difíceis" vividos com Quintana. "Eu mesma comecei a me consultar com um psiquiatra", escreve, "o que tem sido uma experiência extraordinária, e que acredito ter me tornado muito mais aberta do que jamais fui."

PARA JOHN

29 de dezembro de 1999

Sobre não estar tomando Zoloft, contei que o remédio me fazia sentir, por cerca de uma hora depois de ingeri-lo, como se tivesse perdido meu princípio organizador, como se tivesse bebido um ponche antes do almoço em algum lugar nos trópicos. Eu disse que tinha tentado refletir a respeito, porque, racionalmente, sabia que não poderia ser verdade, já que, segundo o Manual de Referência Médica, mesmo o dobro daquela dose só produziria algum efeito depois de várias horas, e o efeito máximo só seria alcançado depois de três a cinco dias de uso contínuo. Percebi que eu tinha uma noção muito bem calibrada do meu bem-estar físico, que tinha muito medo de perder o controle, que minha personalidade se organizava em torno de certo nível de mobilização ou ansiedade.

Em seguida, disse que tinha tentado refletir sobre a ansiedade que demonstrei durante nossa última consulta. Contei que, embora tivesse sido expressa em termos de trabalho (a reunião em Los Angeles etc.), percebi, quando conversei com você, que o foco era Quintana.

"Claro que era", disse ele. Então conversamos sobre minhas ansiedades em relação a ela. Basicamente, o temor de que ficasse deprimida em um nível perigoso. O fato de eu esperar sempre o pior, a ligação no meio da noite, a tentativa de medir sua temperatura emocional a cada telefonema. Eu disse que, por um lado, isso parecia justificado, mas, por outro, era injusto com ela, que certamente sentia nossa ansiedade, assim como sentíamos a dela. "Suspeito que ela sinta sua ansiedade de forma muito particular", disse ele. Respondi que parecia que sim. Ela não tinha falado apenas conosco, também havia mencionado isso ao dr. Kass. Era eu, e não você, que ela queria que se consultasse com um psiquiatra. Ele disse que supunha que ela identificasse ansiedade em nós dois, mas que algo na relação dela comigo fazia com que sentisse a minha de forma mais intensa, com que ficasse presa a ela. "Algumas pessoas com determinados padrões neuróticos se prendem umas às outras de uma forma que pessoas com padrões saudáveis não fazem. É evidente que existe uma dependência muito forte entre você e ela, uma dependência mútua."

Ele quis saber quantos anos Quintana tinha quando a adotamos, os detalhes da adoção.* Falamos por algum tempo sobre isso, e eu disse que sempre tive medo de a perdermos. Observação de baleias. A cascavel hipotética escondida na hera da casa na Franklin Avenue. Ele apontou que, assim como toda criança adotada vive com um profundo medo de ser abandonada de novo, todo pai ou mãe adotivo vive com um profundo medo de que a criança seja tirada deles. Ao não lidar com esses medos assim que surgem, você os desloca e se fixa de maneira obsessiva em perigos que pode controlar — a cobra no jardim — em oposição ao perigo que não pode controlar. "Obviamente, você não lidou com esse medo naquele momento. Você o

* Quintana foi adotada em 1966, logo após o nascimento.

deixou de lado. Esse é o seu padrão. Você segue em frente, dá um jeito, mantém o controle da situação por meio do trabalho e do sucesso. Mas o medo continua lá, e quando, neste verão, você descobriu que sua filha estava correndo um perigo que você não podia administrar nem controlar, o medo atravessou suas defesas."

Eu respondi que talvez tivesse sido superprotetora, mas nunca imaginei que ela me visse dessa forma. Na verdade, como mãe, uma vez ela me descreveu como "um pouco distante". O dr. MacKinnon: "Você não acha que ela interpretava seu distanciamento como uma forma de defesa? Já que ela mesma usa o distanciamento desse jeito? Não foi isso que acabou de me dizer? Que ela nunca olha para trás?".

Nesse ponto, conversamos sobre Quintana e Stephen, Quintana e Dominique.* Ele me perguntou se eu teria alguma objeção a que ele discutisse certos detalhes que haviam surgido durante nossas sessões com o dr. Kass, porque acreditava que poderiam ser úteis nas sessões dele com Quintana. Eu o encorajei a discutir tudo que achasse que pudesse ser útil.

Voltando à questão de por que minha ansiedade era mais problemática para Quintana do que a sua: "Há algo em você — e isso é muito anterior ao nascimento dela — que a faz pensar que não merece coisas boas. Tenho certeza

* Stephen Dunne, o irmão mais novo de John, cometeu suicídio em 1980, aos quarenta e três anos. Dominique Dunne, sobrinha de John, foi morta pelo namorado em Los Angeles em 1982, aos vinte e dois anos. Dominique e Quintana eram muito próximas.

de que você achou que teve muita sorte quando Quintana foi entregue a vocês, e também tenho certeza de que achou que não a merecia, que de alguma forma merecia perdê-la. É um padrão disfuncional de pensamento, e faz com que sua ansiedade, muito natural nessa situação, seja muito mais grave do que, digamos, a do seu marido. Vai além do que está acontecendo. Remonta a outra coisa. Por alguma razão, você cresceu esperando que o pior acontecesse. Não espera coisas boas. Cresceu sem uma predisposição genética para a negação".

5 de janeiro de 2000

O dr. MacKinnon disse que não sabia que eu conhecia Hilary Califano e que esperava que não tivesse sido inquietante encontrá-la. Eu respondi que não, mas que levantava a questão sobre o que duas mulheres adultas estariam fazendo lá — duas mulheres que vivem no mundo e que, para o bem ou para o mal, têm seus sistemas de defesa razoavelmente bem estruturados.

"Na maior parte do tempo", disse ele. "Mas, às vezes, acontecem coisas na vida que derrubam até mesmo as defesas mais sólidas."

Eu disse que isso me fazia pensar em algo que ele havia mencionado na semana anterior e que me interessara — que, desde o início, eu havia usado o trabalho e o sucesso como uma defesa contra o medo de perder Quintana. Disse que havia me ocorrido que minhas ansiedades em relação a trabalho e dinheiro — que se acentuaram muito do verão para o outono — eram, até certo ponto... (parei no meio da frase).

"Um sintoma", completou ele. "Sem dúvida."

"Mas não só um sintoma", falei. "Parte da minha preocupação vinha de coisas reais."

"É claro. O mundo está mudando. Novos valores se tornam comercializáveis."

"Exatamente. Mas o mundo sempre mudou, e eu sempre lidei com isso. Só que, neste verão, talvez pela primeira vez na vida, comecei a sentir que não dava mais conta.

Achei que fosse por causa da idade. E era, com certeza, ao menos em parte. No entanto, dessa vez a ansiedade estava muito, muito exacerbada. No que diz respeito a dinheiro, temos um novo filme, e há outras possibilidades além disso. E, quanto aos meus outros trabalhos, o único problema verdadeiro é encontrar tempo. E mesmo assim eu estava apavorada."

"Isso era a depressão se manifestando."

"Que surgiu por causa da situação com Quintana neste verão."

"Exato."

Eu disse que havíamos tido um fim de semana difícil nesse sentido. Ela parecera bem, estava recebendo uma grande amiga vinda de fora da cidade que sabia da situação dela, e até brincamos, quando tive que ir ao pronto-socorro por causa de uma infecção no olho, sobre como passávamos todos os feriados importantes no pronto-socorro, mas que dessa vez não era por causa dela. Então, recebemos a ligação no domingo, por volta de meio-dia e meia. Contei a ele que fomos ao apartamento dela. "O que ela disse que aconteceu?", perguntou ele. Eu contei. Ele perguntou se ela tinha ido à polícia. Respondi que não. Você tinha perguntado a ela onde ficava a delegacia mais próxima, e ela disse que não sabia. Expliquei que nós dois havíamos evitado fazer muitas perguntas, porque ela parecia abalada demais para corrermos o risco de soar como um interrogatório.

"Vocês não queriam que parecesse que estavam acusando-a", observou.

Exatamente, respondi. Não tínhamos certeza, mas nós dois suspeitávamos que ela talvez tivesse bebido. Ele perguntou se sentimos cheiro de álcool. Eu respondi que achava que não, mas as janelas estavam abertas. Era difícil dizer. Ela ficava se repetindo, mas a fala não estava arrastada.

"Você consegue pensar em outra possibilidade?", perguntou ele. Eu respondi que se tivesse que imaginar um cenário alternativo — e para entender as contradições da situação, eu imaginei —, diria que ela tinha saído mais cedo de um encontro com amigos, ido a um bar e conhecido alguém que acabou agredindo-a, no bar, na rua ou no apartamento. "Onde estava o sangue?", perguntou ele. Eu disse que estava no chão, entre o pé da cama e o banheiro. "Então não estava na parte da frente do apartamento", comentou. Entendi o que ele quis dizer.

Então falei que uma das coisas que incomodava tanto a mim quanto a você em relação ao Alcoólicos Anônimos — não o AA em si, mas o AA em sua vertente mais inflexível — era que esse tipo de fracasso dramático parecia inerente ao programa. Ele pressupõe tudo ou nada. Se você quer beber e cede, não acaba apenas com uma ressaca e um sentimento de culpa, como na vida real, mas na sarjeta ou em um bar, flertando com alguém que depois vai bater em você.

"Você está pressupondo que tenha a ver com a bebida", sugeriu ele.

Respondi que não. Eu não acho que tenha a ver com a bebida. Essa é a questão.

Falei que você e eu já tínhamos conversado sobre isso e que queríamos conversar com Quintana a respeito. Mas uma série de obstáculos tinha surgido. Ou ela estava ocupada, ou não queria sair duas noites seguidas, então só conseguiríamos nos encontrar no fim de semana, e não me surpreenderia se novos obstáculos surgissem. Enquanto isso, ao telefone, ela parecia bem, um turbilhão de eficiência — eu havia recebido naquele mesmo dia um cheque de reembolso de despesas médicas, com a documentação toda destacada de forma eficiente, pronta para ser arquivada. Portanto, agora eu não sabia mais. Seria produtivo ou contraproducente tocar no assunto tantos dias depois?

"Vocês vão ter que avaliar, obviamente. A questão é saber o que ela espera que façam. Alguns filhos adultos — e acho que Quintana é um desses casos — têm a capacidade de colocar os pais em situações impossíveis. Se os confronta, o inconsciente diz que você nunca confia neles, então por que se preocupar, por que não fazer o que quiser e mentir? Se você não os confronta, o mesmo inconsciente diz que isso prova que você não os ama, que não se importa com eles. É igual ao que acontece com crianças pequenas. Você me vê brincando no meio da rua e nem liga se um carro vai me atropelar, elas dizem, mas se você corre para a rua atrás delas, reclamam que você não as deixa crescerem. Eu me perguntaria o que Quintana acha de como vocês expressam amor por ela: Será que precisa que vocês sejam superprotetores? Será que precisa que a julguem e a repreendam? Essa é a única concepção que ela tem de ser amada? Crianças costumam pensar dessa forma, mas no desenvolvimento saudável, chega um momento em que isso é superado.

"Eu sei que uma das coisas que o dr. Kass está tentando fazer com Quintana — e uma das razões pelas quais ele quis que você se consultasse comigo — é quebrar esse padrão em que ela induz vocês a reagirem de determinada maneira, e vocês fazem exatamente isso.

"Então, acho que poderiam abordar o assunto de forma indireta. Poderiam, por exemplo, dizer que gostariam de saber como ela acha que vocês demonstram amor por ela. Porque, se ela achar que vocês demonstram amor por meio de cobranças, acusações ou proteção excessiva, é bom que conversem sobre isso, e que ela fale com o dr. Kass a respeito. Esse é o padrão que suspeitamos que exista, e é o padrão que temos que quebrar."

Como os filhos em geral fazem isso?, perguntei. "Eles crescem." Em que momento, perguntei. Como? "Confiança. Eles passam a confiar que os pais confiam neles."

12 de janeiro de 2000

Eu disse que, no fim da sessão da semana passada, ele havia mencionado algo sobre confiança, ou a falta dela, entre mães e filhas — a confiança é a chave para a separação, para o crescimento —, e que, na hora, eu havia descartado esse comentário, tendo-o como irrelevante, insignificante.

Mas admiti que isso havia ficado na minha cabeça e que, mais tarde naquela noite ou no dia seguinte, me lembrei de uma anotação que havia feito enquanto reunia ideias para meu último romance. Eu devia ter feito aquela anotação algum tempo depois da morte do meu pai — a morte dele foi parte da motivação por trás daquele romance específico —, mas a anotação não era sobre ele, e sim sobre minha mãe. Eu a reli, e era interessante, pois parecia sugerir alguma desconfiança ou incompreensão entre minha mãe e eu.

Mostrei a anotação. Bem, sim, disse ele. Aí está. Uma percepção extraordinária.

Extraordinária ou não, respondi, não ajuda muito a seguir em frente. Pode ser até contraproducente, considerando que minha mãe tem oitenta e nove anos. Não vamos resolver nada confrontando isso agora.

Não se trata tanto de uma questão entre você e sua mãe, não acha? O ponto não é resolver a dinâmica entre você e sua filha? Já que todos carregamos na mente fragmentos de nossos pais, não é possível que você esteja reproduzindo parte desse padrão com sua filha?

Eu respondi que, de fato, havia mencionado isso a ela no jantar outro dia. Ela se interessou pelo assunto, mas a conversa acabou se desviando do âmbito pessoal para uma discussão sobre posturas políticas nos anos 1950.

Mesmo assim, foi um bom começo, disse ele. Você pode retomar o assunto em outra ocasião. Quanto mais você e ela conversarem, mais rápido chegarão lá.

Eu disse que, no momento, não fazíamos ideia de como estava nossa relação. Ela pareceu muito aberta por um tempo, depois que parou de beber, mas agora parecia fechada de novo, resistente. Em um dado momento, por exemplo, ela havia me pedido para acompanhá-la em uma reunião do AA, e eu fui. Fomos à igreja, depois à reunião e depois nos encontramos com você para almoçar, e foi um dia muito bom, aberto. Depois, vieram as festas de fim de ano, ela ficou ocupada e, quando perguntei se poderia acompanhá-la a outra reunião, mostrou-se resistente. Disse que não era uma boa ideia levar pessoas de fora. Para ser sincera, eu nem tinha certeza se ela mesma ainda estava indo.

Você quer saber como fazê-la ir?, perguntou ele. Vá a uma reunião do Al-Anon. Vá mais de uma vez. Você tem que encontrar um grupo com pessoas que correspondam ao seu nível intelectual e socioeconômico, mas isso não é um grande problema em Manhattan. Se ela souber que você está fazendo isso, é noventa por cento mais provável que ela mesma volte a frequentar as reuniões. E acho que ela precisa de um programa. Apenas a psiquiatria não vai ser suficiente.

Eu disse que tinha um problema com o Al-Anon. "Claro, e sua filha tem um problema com o AA", disse ele. "E você vai dizer que ela é a alcoólatra, não você. E eu vou dizer que você é mãe de uma alcoólatra, e que ela não vai aderir ao programa se achar que você não acredita nele. Eu poderia até dizer que é claro que você tem um problema com grupos de apoio a familiares de dependentes, porque tem um problema com grupos em geral, não confia neles, não sabe quais são as intenções deles. Isso não lhe lembra de sua mãe de alguma forma?"

Respondi que me parecia um exagero, mas que pensaria a respeito. "Vou passar uma lição de casa", disse ele. "Comecei com a psicanálise freudiana tradicional, apenas ouvindo, mas não fiquei satisfeito com os resultados, então incorporei algumas técnicas dos terapeutas comportamentais. Os terapeutas comportamentais usam tarefas para acelerar o processo. Eis a sua. Mostrar à sua filha a anotação que você me mostrou. Não conte, mostre, porque é um documento importante. Diga que me mostrou. E se ela perguntar o que eu disse, responda que eu perguntei se a desconfiança da sua mãe em relação a outras pessoas se refletia na sua própria desconfiança em relação ao Al-Anon. Vamos ver o que ela diz. Acho que você vai se surpreender com o que vai surgir."

Eu disse que ia ver. "Acho que o que estou ouvindo no seu tom de voz é exatamente o que você ouve no da sua filha quando pergunta a ela sobre o AA."

Então eu disse que também queria mostrar a ele um poema que Quintana havia escrito quando tinha mais ou menos seis anos, na praia. Mostrei o poema. Ele ficou impressionado com a maneira como ela se expressava, como se fosse uma "escritora nata". Comentei que o que me impressionava no poema era a solidão que revelava, porque era algo que nunca transparecia quando estávamos cara a cara com ela. Ela já mascarava as próprias emoções naquela época. "Deve ter tido motivos muito fortes para fazer isso." Eu disse: você está se referindo à adoção. Mas havia outras coisas que poderiam ter sido traumáticas para ela, principalmente a morte de Juan Carlos. Ela nunca falava sobre isso, mas depois começou a sonhar que a Morte vinha buscá-la. "Mas eu me agarro à cerca." Contei a ele sobre termos vindo a Nova York com Quintana e Rosie no outono, após a morte de Juan Carlos, e que depois que Rosie voltou para casa, Quintana ficou sob os cuidados de uma babá contratada por intermédio de uma agência. E que, mais tarde, ela me confessou que a sra. Fulana a havia maltratado, e eu perguntei por que ela não tinha me contado na época, e ela respondeu: "Eu achava que o seu trabalho era trabalhar para o sr. Preminger, e o meu era ser cuidada pela sra. Fulana".

"Então, de certa forma, ela não se via como uma criança", observou ele. "Ela se via como alguém que tinha responsabilidades reais de uma pessoa adulta." Respondi que achava que sim e que também achava que isso era natural, ou tão natural quanto poderia ser em nossa situação relativamente incomum: nós dois trabalhávamos em casa, ela era filha única, não havia uma separação nítida entre o mundo dos adultos e o das crianças, estávamos todos juntos.

Mencionei que ela frequentou a primeira reunião de trabalho dela, na agência William Morris, quando tinha três anos. E contei o desfecho. "Ela estava preocupada com o dinheiro", disse ele. "Preocupada com algo fora do controle dela, algo que era assunto dos adultos."

Perguntei a ele se estava dizendo que não a mantínhamos separada o suficiente de nossos problemas cotidianos. Falei que isso era algo de que gostávamos em nossa dinâmica familiar: lidávamos com tudo juntos. "Considerando as circunstâncias", disse ele, "eu arriscaria dizer que ela provavelmente foi exposta a mais do que estava preparada para processar. Ela era uma criança, vocês eram adultos e, ainda assim, em alguma parte da mente dela, Quintana começou a se sentir responsável por vocês."

19 de janeiro de 2000

Eu disse que tinha feito a lição de casa que ele havia me passado. Quando Quintana veio jantar conosco, na segunda-feira à noite, "depois de um fim de semana difícil, sobre o qual falo depois", mencionei, na cozinha, que havia mostrado ao dr. MacKinnon algumas anotações que tinha feito sobre minha mãe, e que ele havia me feito uma pergunta sobre a qual queria conversar com ela. Então lhe mostrei as anotações e expliquei que o dr. MacKinnon queria saber se eu achava que a desconfiança da minha mãe em relação a grupos, às possíveis intenções dos outros, poderia ter alguma coisa a ver com minha própria resistência ao Al-Anon, assunto que já havíamos discutido antes. Eu disse que naquele momento você (John) havia entrado na cozinha, e a conversa se desviara um pouco, então Quintana disse: "Espera, quero continuar falando sobre o que a mamãe estava dizendo". Para minha surpresa, quando reformulou minha pergunta, ela a traduziu da seguinte forma: "Você quer dizer que sua resistência ao Al-Anon tem algo a ver com minha resistência ao AA?".

"Excelente", comentou o dr. MacKinnon. "Nota dez para todo mundo. E o que você respondeu?"

Respondi que eu tinha dito que, sim, supunha que era isso mesmo que eu queria dizer. E ela respondeu: disse que talvez fosse isso mesmo. Admitiu que vinha resistindo ao AA ultimamente — achava que tinha ficado com uma sensação ruim por causa de Molly, a madrinha dela no programa, mas percebeu que estava sentindo falta das reuniões e, na verdade, planejava ir a uma na noite seguinte.

"Então, arrume outra madrinha", disse o dr. MacKinnon.

Eu disse que foi isso que você sugeriu e que tínhamos discutido "padrinhos/madrinhas" com Quintana por um ou dois minutos, então ela levou a conversa de volta à minha pergunta inicial. Queria saber o que exatamente eu estava perguntando.

Respondi que talvez eu quisesse saber se ela achava que poderia ajudar se eu começasse a frequentar o Al-Anon.

Sim, disse ela, acho que pode ajudar. Respondi que, nesse caso, eu iria e que, na verdade, você e eu estávamos planejando ir a uma reunião no fim de semana.

Isso é muito positivo, comentou o dr. MacKinnon. Muito bom. "Vamos prosseguir. Você mencionou que seu marido entrou na conversa. Isso me fez pensar em algo que o dr. Kass discutiu comigo." De acordo com ele — "e lembre-se de que este é o meu relato do que o dr. Kass acha que Quintana está dizendo a ele, portanto, há vários níveis de imprecisão e possíveis erros" —, "Quintana tem a clara sensação de que, quando lida com você e seu marido, ela está lidando com uma única pessoa, que nenhum dos dois, e você em particular, vai assumir uma posição independente, que vocês se defendem mutuamente contra ela".

Eu respondi que achava que era assim que os pais deveriam se apresentar aos filhos. Também disse que, pelo contrário, como já havia mencionado a ele de passagem em outro contexto, muitas vezes, ao longo dos anos, senti que ficava de alguma forma entre vocês dois, sendo conciliadora, evitando confrontos.

Ele disse que se lembrava de eu ter dito isso e que, na verdade, havia mencionado isso ao dr. Kass, que ficou surpreso.

Falei que de uma coisa eu tinha certeza: que me lembrasse, eu tinha me enfurecido com você na frente de Quintana, ou falando diretamente com ela, uma única vez, e ela ficara tão alarmada que me fez nunca mais querer repetir aquilo. Foi o famoso incidente do ovo mexido, depois do qual, enquanto estava no chuveiro com Quintana, tentando lavar o cabelo dela e fazê-la parar de gritar "eu odeio ele", eu disse que não iríamos mais morar com você, que iríamos para Sacramento naquele mesmo dia e que lá eu decidiria o que fazer. Então ela começou a soluçar: "Você não pode fazer isso, não pode, o que o papai vai dizer, o que ele vai fazer, por favor, eu não vou com você, você não pode ir etc.".

Você entendeu errado, disse o dr. MacKinnon. Ela não queria *perdê-lo*, só queria poder expressar sua raiva com segurança.

*P: E eu não deixei? Eu levei a situação para a zona de perigo? Esse padrão é parte do motivo pelo qual ela tem dificuldade de expressar raiva?*

Ele disse que Quintana parece sentir que não pode ter uma conversa independente com nenhum de nós dois, que o outro está sempre presente. Eu respondi que era assim que você e eu vivíamos, que estávamos sempre juntos.

"Acho que você precisa de um tempo sozinha com ela", disse ele. "Façam uma viagem rápida." Eu disse que você tinha feito uma viagem assim com ela anos atrás, para Monument Valley, e que tinha achado tão gratificante que desde então vinha me incentivando a fazer o mesmo, mas que, com a agenda dela e a minha, nunca tinha sido possível. "Você tem que planejar de acordo com a agenda dela", disse ele. "Apenas faça."

Eu disse que talvez fosse uma boa ideia se nós duas fôssemos sozinhas ao casamento de Lori* — que nós três tínhamos planejado ir, mas que o casamento representava uma oportunidade natural e relativamente próxima de ficarmos sozinhas. "Isso é ótimo, tire alguns dias a mais, deixe que ela a leve a Big Sur, a qualquer lugar que vocês duas queiram, caminhem na praia, vocês vão acabar conversando e não vai parecer algo forçado para ela, acho que você vai descobrir que coisas muito boas podem vir dessa pequena viagem que nem queria fazer." Eu argumentei que você poderia achar que a sua ausência seria notada pela minha família. "Você, seu marido e Quintana têm problemas maiores agora do que o que a sua família pode ou não pensar — e provavelmente nem pensaria."

Eu disse que o fim de semana tinha sido difícil para você, para mim, para ela. Expliquei a situação envolvendo Nick**: primeiro o e-mail, depois a ligação na quinta-fei-

---

* Sobrinha de Didion.

** Dominick ("Nick") Dunne era o irmão mais velho de John. Eles tiveram uma relação tensa, às vezes hostil, por muitos anos.

ra, a ligação no sábado, e a quase resolução no jantar de segunda-feira à noite.

"Foi mais difícil para o seu marido do que para qualquer outra pessoa", disse ele. "Ele estava convencido de que podia confiar no irmão, descobriu que não podia, que tinha cometido um erro, e isso fez com que se sentisse terrivelmente culpado."

Também o deixou com raiva, falei.

"Ele ficou com raiva porque se sentia culpado. É bom se lembrar disso. Pais de filhos com dificuldades emocionais tendem a se sentir culpados, impotentes — ficam se perguntando onde erraram, o que poderiam ter feito diferente, quando foi que tudo desmoronou — e, às vezes, expressam isso por meio da raiva. Quando uma pessoa fica com raiva, se descontrola, geralmente é porque está se sentindo culpada, frustrada consigo mesma, achando que deveria ter lidado melhor com a situação e assim por diante."

É óbvio, eu disse. De qualquer forma, quando jantamos na segunda-feira à noite, o assunto estava mais ou menos resolvido. Todo mundo já tinha dito o que tinha a dizer, o que nem sempre acontece entre nós três.

"Você está se tornando uma pessoa muito mais aberta. Acho que, à medida que se torna mais aberta, percebe que os outros à sua volta também se abrem mais. Você e eu conversamos, você e seu marido conversam, você e sua filha conversam — muitas vezes, nessas situações, toda a família acaba se tratando indiretamente."

Eu disse que toda essa experiência — desde julho — tinha sido um grande aprendizado para nós dois. "É claro que foi", disse ele, "e aprender dói, aprender pode ser muito doloroso, é preciso expor coisas que preferiríamos esquecer. Se ficar doloroso demais para o seu marido, eu ou o dr. Kass podemos recomendar alguém com quem ele possa conversar, da mesma forma que você e eu conversamos."

Eu disse que uma amiga havia mencionado isso no jantar domingo à noite, e que você respondeu o mesmo de sempre: "Eu sou católico, nós temos a confissão". E ela rebateu: "E quando foi a última vez que você se confessou?". Isso pareceu divertir imensamente o dr. MacKinnon. Ele riu e disse que poderia recomendar um padre/psiquiatra católico, um jesuíta que ele mesmo havia supervisionado, com paróquia em Manhattan e consultório na Quinta Avenida, e que este ano iria assumir a presidência do Lotos Club, ou seja, alguém que preenchia todos os requisitos (ainda rindo), basta seu marido querer. "Certa vez, quando ainda era residente, ele conduziu uma sessão demonstrativa com uma paciente deprimida, entrou e saiu em cinco minutos, tratou a conversa como uma confissão, e funcionou. Você pode imaginar a inveja dos outros residentes, pois ele tinha essa mágica, e eles, não."

Eu disse que, às vezes, achava que tudo o que era necessário para que nós dois nos sentíssemos bem era uma conversa ou um jantar com Quintana quando ela estava bem. "Isso é outra coisa que o dr. Kass mencionou", observou ele. "Ele disse que Quintana parece sentir uma pressão intensa vinda de vocês dois, juntos, para que ela vá até a casa de vocês, jante com vocês, esteja presente."

Falei que o dr. Kass havia falado conosco sobre isso e, desde então, estávamos tentando não pressionar Quintana para vir jantar. A ponto de, mesmo quando quatro de seus primos vieram jantar conosco no sábado à noite, eu ter me sentido um pouco desconfortável em convidá-la. E, de fato, não fomos nós que a convidamos. Foi a prima dela. "Ela sente a pressão mesmo assim", disse ele.

"Como podemos não querer vê-la?", perguntei. "Estamos preocupados com ela. A única maneira de sabermos se está segura é mantendo contato com ela."

Vocês precisam se desligar um pouco, disse ele. Mas não se preocupem. Vão chegar lá.

2 de fevereiro de 2000

Começamos falando dos atrativos de Caneel Bay/St. Barth. Depois, contei que fomos a uma reunião do Al-Anon, um grupo para pais, e que achamos a experiência perturbadora. Expliquei o motivo: a ênfase no "eu", nas histórias de "sucesso". Disse que apenas uma coisa nos tocou, e foi algo que ouvimos por acaso, na saída, uma mulher dizendo: "Não consigo trabalhar, não consigo pensar, não faço ideia se ele está bebendo ou não".

"Era exatamente isso que eu esperava que vocês ouvissem", disse o dr. MacKinnon. "É isso que vocês precisam perceber com essas reuniões. Precisam ser muito específicos sobre o que querem falar, sobre o que precisam do grupo."

Eu disse que o formato daquele grupo parecia impedir uma conversa real. "Então procurem outro", propôs.

Comentei que o mais valioso, em muitos aspectos, tinha sido encontrar Julie. Expliquei o problema dela e como parecia ter tomado uma decisão que a fez virar o jogo — uma decisão que não havia tomado em Hazelden nem em outras clínicas de reabilitação, muito menos no AA. Parecia ter sido uma decisão que partiu dela mesma: a constatação de que a vida estava indo por água abaixo e que, se a quisesse de volta, teria que agarrá-la. Expliquei que achava que essa era a decisão que Quintana precisava tomar se quisesse se recuperar, mas que não sabia ao certo como se chega a essa decisão.

"É preciso ter força de vontade", disse ele. "Algumas pessoas encontram dentro de si mesmas os recursos para se recuperarem."

Perguntei se ele tinha visto a matéria no *Times* sobre os estudos que estão sendo feitos a respeito da depressão como uma adaptação darwiniana, um mecanismo de sobrevivência — a depressão, quando não medicada, acaba nos dizendo que é hora de mudar de vida. Ele tinha visto a matéria e estava familiarizado com a teoria. "O problema", disse ele, "é que a maioria dos estudos realizados se concentra nos fracassos. Não foram feitas pesquisa suficientes sobre os casos de sucesso."

Eu disse que havia discutido a matéria com uma pessoa [Kathy Reilly] que era assistente social. Ela disse que concordava que a depressão poderia funcionar como um agente motivador para pessoas como nós duas, "mas se você está falando de um viciado de Red Hook, que não tem recursos para mudar a própria vida, é melhor medicá-lo".

"Depende", ponderou. E disse que durante dezoito anos dirigiu a clínica psiquiátrica do California Pacific Medical Center, "e você conhece a área". Ele supervisionava os casos de todos os residentes e, portanto, viu "muito mais casos do que teria visto em uma vida inteira de consultório privado". "Eram todos casos difíceis e, ainda assim, eu ficava impressionado com a frequência com que víamos alguém que parecia ter simplesmente assumido as rédeas e tomado a decisão de ficar bem. Eles se referiam a essa decisão das mais diversas formas. 'Renascer' ou 'encontrar Jesus', ou qualquer outro nome que lhe dessem. Mas tudo parece se resumir a essa decisão — só Deus sabe de onde ela vem, porque nós não sabemos — de retomar as rédeas da própria vida."

Eu disse isso várias vezes nos últimos anos — quando Quintana expressava infelicidade ou desânimo em relação à própria situação —, tentei explicar a ela que precisava tomar a decisão de ser feliz. Que havia um benefício real em "botar um sorriso no rosto". Comentei que me senti encorajada ao saber que parte do que era dito em Hazelden ecoava isso — a teoria de "parecer bem para se sentir bem", a teoria do "como se" —, e que o objetivo era agir "como se" acreditasse nos slogans até que, de repente, se dava conta de que acreditava mesmo. Disse que havia contado a ela, como exemplo disso, que me vi em um beco sem saída aos vinte e poucos anos e que, no fim, tomei a decisão consciente de mudar — nesse caso, de terminar um relacionamento com uma pessoa destrutiva e seguir em frente.

O dr. MacKinnon quis saber o que havia de destrutivo no relacionamento. Expliquei que o homem em questão era muito inteligente e acreditava que eu era muito inteligente, o que, em uma fase da minha vida em que me sentia bastante insegura, foi importante, mas que também era muito autodestrutivo, bebia demais, ficava deprimido demais para trabalhar e até mesmo cuidar de si mesmo etc.

O dr. MacKinnon perguntou se ele era muito mais velho do que eu. Respondi que sim, mas não muito — acho que oito ou nove anos. O dr. MacKinnon perguntou se era alcoólatra. Respondi que essa não era uma palavra que eu usava na época, mas que eu achava que ele mesmo se definiria assim, já que mais tarde foi para uma clínica de reabilitação e, pelo que sei, não voltou a beber desde então. Falei que não sabia ao certo, porque não nos falávamos mais — mantivemos uma relação amigável depois que você e eu nos casamos, mas depois ele tentou me processar por causa do personagem de um romance.

"O personagem era baseado nele?", perguntou o dr. MacKinnon. Eu respondi que mais ou menos, sim, mas ter baseado um personagem nele não tinha sido o problema — o problema era que o "personagem" fazia algo no romance que essa pessoa tinha feito na vida real e que não queria que as pessoas soubessem. O dr. MacKinnon perguntou o que era. Expliquei que o personagem espancava uma mulher em circunstâncias praticamente iguais àquelas em que ele havia espancado uma mulher que eu conhecia. Ou pelo menos era o que eu acreditava.

"Ele chegou a bater em você?", perguntou o dr. MacKinnon.

Respondi que sim.

"Seus pais batiam em você?"

Respondi que não, que eles nunca me bateram. Uma vez minha mãe me deu uma bofetada, mas foi justificado.

"Então, não foi algo muito impactante ser agredida por esse homem?"

Respondi que sim, que foi, mas que na época consegui racionalizar ou distanciar o fato, como algo "literário", da "vida real", um exemplo de degradação romântica.

"Você se culpou?"

Definitivamente, não, respondi. Culpei ele. Ele ou o álcool ou qualquer outra coisa, mas não me culpei. E disse que havia me perguntado isso, já que tudo o que se lê sobre violência doméstica parte do pressuposto de que a vítima se culpa. Não foi o meu caso.

"Ainda assim vocês mantiveram uma relação amigável mesmo depois que você se casou?"

Expliquei que éramos todos amigos e que, na verdade, você e eu havíamos nos conhecido por intermédio dessa pessoa.

"Seu marido não se incomodava com essa amizade?"

Por que ele se incomodaria?, perguntei.

"A maioria das pessoas é possessiva com o cônjuge. Você não ficaria incomodada de ele manter contato com uma ex-namorada?"

Não, respondi. Na verdade, uma ex-namorada sua tinha sido uma de nossas melhores amigas por muitos anos — embora não a víssemos com frequência, porque ela morava na Inglaterra. Uma vez eu até liguei para ela (que trabalhava na British Airways) para colocar Quintana em um voo de Nice para Heathrow.

"Você realmente não faz ideia do que estou falando, não é?"

Não, respondi. Do que você está falando?

"É como se você estivesse em um nível diferente. Talvez seja a indústria do entretenimento."

"Se você quer dizer que muitas pessoas que conheço se casam muitas vezes e mantêm boas relações com ex-cônjuges, então é verdade."

"Apenas uma porcentagem muito pequena das pessoas faz isso. No resto do mundo, as pessoas encaram a mulher ou o marido de maneira possessiva."

"Acho isso doentio."

Eu disse, em um tom conciliador, que, na verdade, seus pais haviam se casado apenas uma vez, meus pais haviam se casado apenas uma vez, meu irmão estava casado havia quarenta anos, e você e eu fizemos trinta e seis anos de casados, completados no último domingo. Portanto, não estávamos exatamente seguindo as regras da indústria do entretenimento.

"Você mencionou há algumas semanas que seu pai tinha depressão."

Confirmei que sim, ele tinha. E contei que, algumas semanas antes, havia relido as cartas que ele deixara no cofre para mim e para minha mãe. Minha mãe me entregou as duas após a morte dele, dizendo que não conseguia ler a dela, "então pode ficar". Também havia uma para meu irmão, mas essa eu nunca li. Na época em que recebi as cartas, logo após a morte do meu pai, eu as li uma vez e logo as guardei em uma caixa — não queria pensar muito nelas. Há algumas semanas, quando as tirei da caixa e as reli, notei algo — que não havia notado antes — que me chocou.

A carta para minha mãe era datada de 1953, e a para mim, de 1955. A minha começava dizendo que estavam acontecendo certas coisas que sugeriam que ele não continuaria entre nós por muito mais tempo, e a da minha mãe não dizia isso abertamente, mas dava a entender.

"Você acha que ele tinha acabado de receber notícias médicas ruins?"

Eu disse que, se ele tinha acabado de receber notícias ruins, essas notícias estavam muito equivocadas, porque ele ainda viveu mais quarenta anos.

"O que a chocou, então?"

Eu disse que as cartas pareciam quase bilhetes suicidas.

"Cartas de despedida. Sim. Com certeza é o que parecem. Você devia ter alguma noção do estado mental dele na época."

Eu disse que sabia, é claro, que ele estava deprimido. Ele entrava e saía do Letterman. Não comia nada além de ostras cruas. Aos domingos, minha mãe vinha de Sacramento, pegava-me em Berkeley, e íamos juntas até São Francisco para vê-lo. Nós o buscávamos no hospital e dirigíamos para algum lugar — qualquer lugar —, e depois íamos comer ostras. No fim do dia, ele gostava de ser deixado o mais longe possível do hospital. O hospital ficava em Presidio. Você conhece São Francisco?, perguntei.

"Eu estava trabalhando no Hospital Naval em Oakland nessa mesma época", disse ele. "Então, sim. Conheço o hospital de que você está falando."

Ótimo, falei. Ele sempre pedia para ser deixado na praia ao sul do Golden Gate Park.

"Pessoas morrem lá", disse o dr. MacKinnon. "Ondas grandes, correnteza forte. Isso devia passar pela sua cabeça quando vocês o deixavam lá, sabendo o quanto ele estava deprimido."

Eu disse que não me lembrava de ter pensado nisso. Só pensava em como ele parecia triste ao acenar em despedida.

"Pessoas deprimidas a ponto de ter tendências suicidas dizem pequenas coisas às pessoas próximas — detalhes insignificantes — que podem não ficar registrados no consciente, mas com certeza ficam registrados em algum lugar. Encerram uma discussão dizendo: 'É claro que isso não vai fazer diferença para mim', coisas desse tipo."

"Você está dizendo que, em algum nível, eu sabia que ele era suicida?"

"Não vejo como você poderia não saber. E não vejo como essa percepção antiga e não expressa poderia deixar de voltar à tona agora, quando você está vivenciando preocupações com a sua filha."

9 de fevereiro de 2000

O dr. MacKinnon perguntou como eu tinha me sentido durante a semana. Respondi que, como ele sabia, nossa conversa sobre suicídio na semana passada havia me perturbado, mas que, no geral, eu achava que, considerando as atuais circunstâncias, tinha sido útil refletir sobre coisas que antes, com algum sucesso, eu havia evitado examinar. "Esse é justamente o objetivo", disse ele. Contei que, no início dos anos 1970, havia feito várias tentativas de escrever um livro intitulado *Contos de fadas*, cuja proposta era analisar certos mitos da Califórnia relacionando-os à minha família. Em todas as tentativas, no entanto, não consegui passar da página trinta. O problema, eu achava na época, e ainda acho, era que eu não conseguia olhar para a minha família — poderia facilmente ter escrito sobre a Califórnia, mas o objetivo era analisar como a mitologia californiana se entrelaçava com a da minha família, e, no fim das contas, não consegui fazer isso.

"Você quer dizer que teria sido necessário analisar algumas das maneiras pelas quais, talvez, sua história pessoal tenha sido reescrita", disse ele. "E que isso teria sido doloroso demais?"

Eu disse que nunca cheguei a pensar nesses termos. Só segui em frente, distanciei-me do assunto, deixei para trás. Disse que essa era, na verdade, a estratégia que havia aprendido com todas as histórias dos pioneiros da Califórnia. As histórias de quem atravessa planícies, de quem enterra um filho pelo caminho. "No caso dos pioneiros, era uma questão de sobrevivência", comentou ele. Falei que supunha que no meu caso também fosse. "Bem, sim", concordou. "Um tipo diferente de sobrevivência."

"E agora", sugeriu ele, "você está em uma situação em que sua estratégia de sobrevivência não está funcionando tão bem."

Eu disse que, obviamente, não podia seguir em frente nem deixar Quintana para trás, então, não, a estratégia não estava funcionando. Disse que vinha pensando sobre o comentário dele de que o dr. Kass achava que Quintana estava fazendo avanços. Falei que, em certa medida, nós também achávamos estar vendo progresso. Contei sobre o jantar de sexta-feira no Four Seasons, durante o qual ela pareceu — tanto para você quanto para mim — um pouco distante, ou alheia, ou reservada. Você comentou sobre isso depois do jantar, dizendo que, embora fosse doloroso para nós, esse distanciamento era exatamente do que ela precisava naquele momento.

"É", disse ele. "Exatamente. Mas você não se sentia assim?"

Eu disse que me sentia como você, mas que nossa construção positiva sobre o distanciamento fora completamente destruída por um telefonema dela sábado à tardinha. O pretenso assunto do telefonema era uma carta que ela havia recebido de uma amiga de infância — irmã mais velha da amiga de infância que havia morrido de overdose de heroína —, dizendo que ela mesma, a irmã mais velha, havia tentado suicídio. Contei que Quintana parecia ter bebido. Havia repetições, a fala estava um pouco arrastada. Tentamos mantê-la na linha, perguntando sobre o dia dela, então a conversa virou uma diatribe repetitiva contra as centrais de suporte técnico, a internet, o celular e a vida moderna em geral, durante a qual ela perguntou se poderia pegar meu celular emprestado. Respondi que sim, claro. Ela disse que mandaria um portador buscá-lo na segunda-feira. Sugeri que seria bom resolver o problema da internet no fim de semana, que poderíamos deixar o celular com o porteiro a caminho do centro da cidade.

"Deixar com o porteiro? Vocês não pensaram em subir?"

Expliquei que meu instinto, naquele momento, me dizia que ela rejeitaria uma visita. Eu não queria dar margem para que ela dissesse que, na verdade, não precisava do meu celular.

"Você achou que ela não iria querer que vocês a vissem?"

Respondi que achava que não.

"Você devia ter alguma tese do que ela não gostaria que vissem. O que vocês veriam se subissem?"

Respondi que imaginava que veríamos alguma variação do que tínhamos visto no verão passado. Que a encontraríamos trôpega, dizendo coisas sem sentido.

"O apartamento bagunçado? Garrafas espalhadas?"

Eu respondi que tinha certeza de que ela esconderia todas as garrafas se soubesse que estávamos chegando. E no que diz respeito à bagunça, mesmo no estágio mais exacerbado do alcoolismo, o apartamento estava sempre impecável. Ela era quase compulsiva em relação a isso.

"Eu me pergunto se o dr. Kass sabe que ela está bebendo", disse ele.

Respondi que não sabia. Considerando o histórico dela, ele com certeza estaria atento aos sinais. Se nós tínhamos percebido, ele certamente também devia perceber. Mas, quando se recompunha, ela o fazia muito bem. Isso era parte do que nos fazia questionar o que ele queria dizer com estar tendo avanços.

"Às vezes é muito difícil saber. Eu não trato pacientes com dependência, e essa é a razão. O médico precisa estar investido em fazer com que o paciente melhore. Quando se está lidando com um dependente, esse investimento pode atrapalhar a percepção de coisas que seriam óbvias para outra pessoa. Você não pode fazer perguntas diretas, pois eles reagem na defensiva. Interpretam quase toda pergunta como uma acusação. Não confiam em outras pessoas. Confiam apenas na substância, que podem controlar. Como não confiam nas outras pessoas, são mestres em enganar. Acham que precisam ser."

Eu disse que a dissimulação talvez fosse o que mais me incomodava. Muitas vezes me pego desejando que pudéssemos voltar para antes de Hazelden, antes de o problema ser nomeado e medicalizado, e ela começar a achar que tinha que escondê-lo.

"Ela já era boa em esconder isso antes, não era?"

Eu disse que achava que isso era verdade. É claro. Era apenas o que eu desejava.

"Talvez seja útil mencionar isso ao dr. Kass", disse ele. "Não acho que você deva falar com ele, mas há maneiras e maneiras de mencionar coisas, compartilhar informações que podem ser valiosas no tratamento."

Eu disse que achava que talvez fosse uma má ideia, que poderia ter o efeito contrário, que era o que eu temia.

"Porque ela é muito frágil", disse ele.

Exatamente, respondi. E o dr. Kass parece ser, no momento, um dos poucos vínculos dela com alguma estabilidade. Se ela achasse que ele a estava confrontando de alguma forma, poderia se afastar, parar de vê-lo.

"Ele nunca a confrontaria."

Ou, falei, ele poderia se afastar dela e decidir que ela é intratável.

"Não acho que isso aconteceria", disse ele.

"Eu não posso arriscar", falei.

"Não vou dizer nada", garantiu ele, "mas pense a respeito. Se você decidir que pode ser uma boa ideia — eu acho que sim, mas obviamente depende de você —, me avise."

Eu disse que o avisaria se mudasse de ideia.

"Então foi um fim de semana difícil", prosseguiu ele. Eu disse que sim. Expliquei sobre o sinal de ocupado e sobre nosso alívio quando o telefone chamou no domingo. Então, deixei uma mensagem e só recebi uma ligação de volta na segunda-feira de manhã. Nesse momento, você admitiu ter pensado que talvez quem a matara tivesse colocado o telefone de volta no gancho. "Mas você não achou que alguém a tivesse matado", disse ele. Não, eu respondi.

Achei que ela tivesse se matado. Especialmente porque o assunto da ligação de sábado tinha sido a tentativa de suicídio de outra pessoa.

"Você e seu marido estão passando pelo inferno na terra", disse ele. "Não há nada que possam fazer que pareça certo aos próprios olhos. Se forem até o apartamento para entregar o celular, estarão invadindo o espaço dela. Se não forem, a estarão abandonando. Vocês nem mesmo sabem o que se passa na cabeça dela. Só podem amá-la. Não podem salvá-la. Ela chegou até vocês com toda uma carga genética, possivelmente negativa, que vocês não podem controlar. O abuso de substâncias e a depressão andam juntos, e a depressão tem um componente genético. O ambiente conta muito, mas não é tudo."

Falei que não acreditava nisso. Eu mesma tinha vindo ao mundo com um conjunto de possibilidades genéticas que poderiam ser consideradas negativas — vide a conversa que tivemos na semana passada — e tinha me afastado delas.

"Foi preciso muito esforço da sua parte para superar essas possibilidades e chegar aonde chegou. Nada do que você me contou sobre sua vida parece ter sido fácil, mesmo quando você diz que foi, e suspeito que sua filha vá precisar fazer o mesmo esforço."

Eu disse que era isso que partia nosso coração. Ver o quanto ela estava se esforçando. Tentamos fazer com que a vida dela fosse mais fácil, mas não conseguimos. Não quero dizer "fácil" no sentido óbvio de uma casa boa, escolas de alto nível etc. Quero dizer fácil no sentido de que ela estaria livre tanto da própria história quanto da nossa. Essa parece ser uma das principais promessas que se faz ao adotar uma criança: você vai afastar essa criança da sua própria história.

"Eu sei", disse ele. "Tenho uma neta adotiva. Ela tem seis anos. Eu sempre esqueço que ela é adotada. É uma de nós. Eu ficaria arrasado se a história dela acabasse rompendo esse 'nós'. Isso é parte da dor que você está sentindo. Ela já sabe que vocês a amam, acho que a única coisa que podem fazer agora é acreditar nela. Acreditar que ela vai melhorar. Confiar nela. Reserve sua desconfiança natural para mim. Você precisa acreditar que ela consegue melhorar, mesmo quando as evidências sugerirem o contrário. Não se concentre nelas. Essa é a mensagem fundamental dos Doze Passos. Isso é o que eles dizem ser o 'poder superior' ou como quer que o chamem. É só isso."

"A mensagem 'como se' de Hazelden", falei.

"É só isso que eles estão dizendo."

16 de fevereiro de 2000

Eu disse que não tinha certeza de onde havíamos parado. O dr. MacKinnon disse: por que não começamos de onde você está agora? Respondi que não tinha certeza de onde estava agora, a vida parecia um tanto dispersa, não tínhamos visto Quintana, mas tínhamos falado com ela, e ela parecia, nas ocasiões em que conversamos, estar bem-disposta, relativamente otimista. Ainda assim, me via preocupada, esperando más notícias. Havia pensado no que ele tinha dito na semana anterior — que eu tinha que ter fé, acreditar que tudo se resolveria —, mas que eu tinha dificuldade de fazer isso, e me perguntava se minha tendência de esperar pelo pior não estaria, de alguma forma, sendo transmitida a ela, preocupando-a a tal ponto que se tornava uma profecia autorrealizável.

"Acho que você tem que examinar quando, na sua vida, você começou a antecipar o pior. Porque quanto mais antigo for esse padrão, mais provável é que ela esteja percebendo isso há muito tempo."

Eu disse que sabia que era algo que vinha desde muito cedo, que remontava à infância. Por exemplo, sempre ouço dizer que as meninas se imaginam de noiva, princesas vestidas de branco. Eu nunca me imaginei assim: minha primeira imagem de mim mesma "casada" era eu me divorciando, saindo de um fórum em uma cidade sul-americana, de óculos escuros e sendo fotografada.

"Você não acha isso incomum? Nunca me deparei com uma fantasia infantil de divórcio."

Eu respondi que sim, que achava incomum, por isso havia mencionado o fato. Por outro lado, não refletia algo da minha experiência real — ninguém que conhecíamos naquela época era divorciado —, mas sim o fato de eu ter lido muita ficção de qualidade duvidosa quando pequena.

"Por que você lia ficção de qualidade duvidosa? Você deve ter sido uma criança muito inteligente, não ia à biblioteca?" Eu respondi que era muito nova para ir à biblioteca sozinha. Havia uma biblioteca infantil perto da nossa casa, e minha mãe me levava lá. Mas eu não gostava de livros infantis, eles me entediavam. "E sua mãe não percebia o quanto você era precoce, que não estava sendo estimulada?" Falei que tinha certeza de que ela havia percebido, mas talvez não quisesse incentivar isso. "Ela não queria expor você a coisas com as quais você talvez não fosse capaz de lidar?" Disse que talvez fosse algo assim, mas não sabia. Em todo caso, veio a guerra e nós nos mudamos, e não se falou mais em bibliotecas até voltarmos para casa.

Eu disse que, em retrospecto, minha reação à guerra foi mais um caso de ter ficado excessivamente apreensiva. "Você pode falar mais a respeito dessa reação?" Respondi que, de certa forma, a guerra tinha começado para mim quando meu irmão nasceu, em dezembro de 1939. Minha mãe ficou no hospital por duas semanas. Não era permitido visitas de crianças. Eu me sentia muito sozinha, deixada de lado. "Abandonada", acrescentou ele. De certa forma, respondi. Então ela voltou para casa, mas tudo estava um pouco diferente, e não reagi bem. Meu pai e eu éramos muito próximos — tinha passado boa parte dos meus primeiros cinco anos andando de carro com ele, visitando parentes ou fazendas ou qualquer outra coisa — e depois que meu irmão nasceu, essa dinâmica mudou. Além disso, a guerra estava sempre no horizonte. Eu ouvia meu pai falando em se alistar. E ele se alistou, antes mesmo de a guerra ser declarada. Quando partiu, fiquei triste por um bom tempo, parei de crescer, o pediatra chamou isso de "atraso no desenvolvimento" e recomendou à minha mãe que nos juntássemos a ele, se possível. Era possível, ele só estava em Fort Lewis na época, então fomos. Depois, partimos para Durham e, em seguida, para Colorado Springs.

Eram tempos conturbados para uma criança. Andar de trem sempre vinha com complicações. Eu me lembro de que não havia assentos no trem entre Nova Orleans e Durham, ficamos em pé no espaço onde os vagões se acoplavam. Também era difícil encontrar um lugar para morar. A primeira de uma das poucas vezes que vi minha mãe chorando foi ao sair de um escritório de alojamento militar em Tacoma ou Durham. Em Durham, meu pai ficou alojado na Duke, e minha mãe, meu irmão e eu ficamos em um quarto na casa de um pastor batista, com usufruto da cozinha. Aquela família era estranha para mim, exótica. As crianças ficavam sentadas embaixo da escada nos fundos da casa, comendo terra. Mais tarde, fiquei sabendo que isso era comum em áreas pobres do sul, resultado de uma deficiência nutricional.

"Mas seu pai recebia um salário. Por que vocês viviam assim?" Eu expliquei que isso foi em 1942. Todos os lugares para onde os militares haviam sido enviados estavam superlotados. Não era uma questão de dinheiro. Era uma questão de falta de lugar disponível para morarmos.

"Você deve ter ficado com medo de que seu pai fosse enviado para o exterior, de que ele morresse." Eu respondi que sim. Ele falava de ir para o exterior o tempo todo. Parecia envergonhado por ser sempre designado para um trabalho burocrático após o outro, em lugares seguros. Esse sentimento dele parecia piorar em Colorado Springs, uma base na qual outras pessoas estavam realmente correndo perigo — aviões da base de Petersen estavam sempre caindo, mas ele não era piloto.

Quando deixou Petersen e foi para Cleveland e Detroit, nós voltamos para casa. Só que não tínhamos mais casa, porque a nossa havia sido vendida. Então, minha mãe, meu irmão e eu ficamos morando com minha avó até a guerra acabar e papai voltar. Depois eles construíram uma casa nova, mas entre encontrar o terreno e terminar a construção, nós tivemos que morar mais um ano com a minha avó. Foi um período difícil para papai. Durante o tempo em que ele esteve fora, minha mãe parecia estar contente morando com a mãe dela. "Seu avô tinha morrido?" Não, eu respondi, mas ele ficava fora de domingo à tarde até sexta-feira à noite. Ela morava em Sacramento, ele trabalhava em Marysville. Esse era o esquema de vida deles. Portanto, era mais uma casa de mulheres até papai voltar.

"Deve ter havido alguma tensão. Talvez você tenha sentido isso." Eu disse que sim e que, na verdade, soube mais tarde, por minha mãe, que foi um período em que eles consideraram se divorciar.

"Talvez você soubesse disso, em algum nível. Daí a sua fantasia de divórcio."

Eu disse que talvez fosse uma possibilidade, mas, na verdade, a fantasia de divórcio era muito anterior à guerra.

"Estou sugerindo que a tensão pode não ter surgido do nada em 1945. Que você a sentia muito antes, antes mesmo da guerra. Crianças sensíveis são muito perceptivas com a tensão dentro de casa, com as coisas que ouvem à mesa de jantar, em um nível extraordinário."

Eu disse que achava que todas as crianças eram assim. E não tinham como interpretar o que ouviam. Não tinham como entender as concessões mútuas naturais aos relacionamentos adultos, as divergências comuns de opinião.

"Crianças têm maneiras diferentes de lidar com isso. Algumas se fecham, se recusam a ouvir, apagam essas memórias." Eu disse que meu irmão não se lembrava da nossa infância. Que, por mais que tentasse, eu não conseguia fazer ele conversar sobre a vida antes da faculdade. É claro que ele tinha só quatro anos, mas todas as lembranças de Colorado Springs se resumem a uma certeza absoluta de que fomos embora de lá porque ele viu uma aranha em uma caixa de papelão.

"Isso é como acreditar que a tensão na sua casa começou quando a guerra terminou."

Eu não respondi.

"Acho que você cresceu acreditando que estava sempre à beira de um desastre. Que estava prestes a perder seu pai. Acho que antecipou a perda dele a vida toda. Até que ele morreu. É por isso que eu acho que a morte dele foi mais difícil para você do que imaginava."

Hipoteticamente, falei, vamos supor que isso seja verdade. Não há dúvida de que eu sempre fui muito apreensiva. Os motivos da minha apreensão talvez não sejam tão importantes quanto o simples fato de que sou assim. O que eu não entendo é: o que isso tem a ver com Quintana? O que ela está percebendo em mim que a perturba tanto? Aceito que ela esteja percebendo alguma coisa, é o que ela diz ao dr. Kass, é por isso que estou falando com você.

"Uma mensagem muito simples. Ela sente que você está preocupada, apreensiva, talvez com medo. Crianças que percebem que um dos pais está sempre preocupado se sentem inseguras desde muito cedo. Elas não fazem ideia do que preocupa o pai ou a mãe e, por isso, passam a esperar o pior que conseguem imaginar. Têm medo de que o pai ou a mãe perca o controle da situação, de que não consiga cuidar delas. Carregam esse medo até a vida adulta. É nisso que ela está trabalhando com o dr. Kass. Mas ela precisa sentir que você vai ficar bem."

1º de março de 2000

Eu disse que lamentava não tê-lo visto na semana anterior e que, de uma forma estranha, você também. Nós dois estávamos preocupados com o que parecia ser uma perda da capacidade de estabelecer contato fácil com Quintana, e você se perguntava se nós três não estávamos testando os limites uns dos outros.

Em que sentido, perguntou ele.

Eu disse que no sentido de que todos nós estamos brincando de "distanciamento", sem prestar a devida atenção aos possíveis perigos.

Vocês acham que ela está em perigo, perguntou ele.

Eu respondi que nós não sabíamos. Que algumas coisas nos preocupavam. O fato de ela não ter ligado para Susanna,* por exemplo. Expliquei o relacionamento dela com Susanna, que sempre tinha sido um relacionamento que não a ameaçava. E, ainda assim, ela não retornava as ligações.

Obviamente, disse ele, vocês devem ter certos critérios confiáveis para determinar quando ela está em perigo e quando ela só quer ficar sozinha.

Eu disse que sempre achamos que sim, tínhamos critérios confiáveis. Mas os acontecimentos do ano passado nos mostraram de forma dramática que esses critérios estavam

* Susanna Moore é uma escritora que foi amiga de Didion e Dunne em Los Angeles e, posteriormente, em Nova York.

errados. No nível mais simples, houve acontecimentos que interpretamos de uma forma e, no decorrer das várias internações dela, descobrimos que ela tinha encarado de forma bem diferente. A cada vez que era hospitalizada, por exemplo, ouvíamos mais sobre como a viagem a Hong Kong tinha sido crucial e desastrosa para ela. Para nós, tinha sido uma experiência positiva para aprender a lidar com o fuso horário e o choque cultural. Então passamos a não confiar mais em nossos critérios.

E se ela se esquecer de não espirrar na sua frente, disse ele, vocês vão perguntar se ela está bem.

Acho que sim, falei. E insistir para que ela aceite os remédios. E depois não ligar. Vamos jantar com ela na sexta-feira à noite — é aniversário dela —, mas a situação chegou a um ponto em que tínhamos até medo de convidá-la para jantar no aniversário dela.

Há uma grande diferença, disse ele, entre dizer que vocês gostariam que ela fosse jantar toda semana — jogando com o sentimento de culpa dela — e dizer: estamos aqui se você quiser vir, a casa está aberta, nós avisaremos se tivermos outros planos.

Eu disse que sempre achei que era assim que colocávamos as coisas. Mas, depois, descobrimos que ela não via as coisas dessa forma, que se sentia culpada. Eu não sabia o motivo. Talvez fosse o mesmo tipo de sentimento de culpa que eu tinha em relação aos meus pais, talvez não viesse de lugar algum, talvez estivesse apenas na cabeça dela.

Você não acha, perguntou ele, que isso é parte do que ela e o dr. Kass estão trabalhando?

Eu respondi que achava que sim.

Às vezes, continuou ele, um filho explode e diz: ela vive me pressionando para ir à casa dela, não me deixa em paz. E, no minuto seguinte: ela não se importa comigo, nunca me liga, estou sozinho e ela não se importa.

Acho que é esse o caso, falei.

Eu também acho, concordou ele.

O que não quer dizer que eu ache que ela seja manipuladora, continuei. Não acho. Ela nunca foi manipuladora.

O que você está dizendo é que ela não faz de propósito. Mas claramente ela está manipulando vocês a ponto de não saberem mais o que fazer.

Eu disse que achava que, de certa forma, todo aquele período tinha sido mais difícil para você do que para mim. Disse que você lidava com as coisas de forma bastante direta, e nada nessa situação era direto.

Você talvez tenha a vantagem de ter alguém com quem conversar sobre isso.

Eu disse que você e eu tínhamos longas conversas sobre o que ele dizia.

Tudo bem, disse ele, mas do ponto de vista do seu marido, isso é informação de segunda mão, é passivo, os sentimentos dele não estão em jogo.

Mudei de assunto. Eu disse que, quando estive no consultório há duas semanas, e estávamos falando da Segunda Guerra Mundial, ele comentou algo sobre como, durante a guerra, as mães haviam feito um trabalho extraordinário ao proteger os filhos do medo de perderem a família, que haviam recorrido a recursos extraordinários para evitar que os filhos crescessem paralisados pelo medo. Eu disse que havia pensado sobre isso e me perguntei se ele estava sugerindo que minha própria mãe não tinha conseguido me proteger dessa forma — ou que eu acreditava que ela não tivesse sido capaz disso.

Eu estava levantando essa questão, sim, disse ele. Não sei a resposta. É óbvio que era algo sobre o qual eu queria que você refletisse.

Também não sei a resposta, falei. Não me lembro de já ter achado que minha mãe fosse incapaz de me proteger. A única vez que me lembro de ter sentido falta, quando criança, da proteção dela foi em uma ocasião, durante a guerra, quando estávamos atravessando o país de carro rumo a Sacramento. Eu devia ter uns oito anos e meu irmão, três. Eu acordei. Estava escuro. Ele e eu estávamos no carro, e nossos pais não estavam. O carro estava estacionado em uma rua residencial, eu não sabia onde, mas imaginei que fosse Reno, porque essa era a cidade seguinte no mapa quando adormeci. Eu me lembro de imaginar que algo muito grave havia acontecido e que eles não voltariam para nos buscar. Então elaborei um plano: minha mãe havia deixado o casaco de vison nos cobrindo e, assim que amanhecesse, eu pegaria meu irmão e o casaco e andaria até o centro da cidade. Nós venderíamos o casaco para conseguir dinheiro suficiente para pegar um ônibus até Sacramento.

O principal problema seria explicar isso ao meu irmão de modo que ele cooperasse e não entrasse em pânico.

Deve ter sido muito assustador, disse ele.

Falei que não me lembrava de ter sentido medo. Eu me lembrava de ter me sentido eletrizada, pronta para fazer o que fosse preciso.

Então você deve ter sido deixada sozinha muitas vezes.

Acredito que não, respondi. Se eu tivesse sido deixada sozinha muitas vezes, não teria imaginado se tratar de algo grave tão rapidamente, teria?

Você conversou com seus pais sobre isso quando eles voltaram para o carro?

Eu estava dormindo quando eles voltaram.

E no dia seguinte? Você contou a eles?

Não. Nós fomos para Sacramento. Eram tempos de guerra. Coisas assim aconteciam.

Eu estava lendo o livro de John McCain, disse ele. Dá uma noção muito interessante de como é crescer no meio militar, mudando-se sem parar de um lugar para outro.

Isso o incomodava?, perguntei.

Muito, respondeu. Como poderia não incomodar? Adolescentes que se mudam com frequência tendem a expressar sua raiva e seu sentimento de perda, mas crianças mais novas, não. Elas internalizam isso. Crescem esperando ser sempre a criança nova na escola, a estranha no grupo. Isso interfere na socialização. Em maior ou menor grau, elas não desenvolvem a capacidade de socializar de maneira adequada.

Eu disse que tínhamos nos mudado com Quintana muitas vezes quando ela era criança. Na verdade, não "mudado", apenas a levávamos conosco em diversas viagens de trabalho, passando períodos variados em lugares diferentes. Mencionei que Nick disse certa vez: "Ela é muito bem adaptada, levando em consideração que toda vez que a vejo ela está em uma cidade diferente". Mencionei que uma vez a levei de volta para o jardim de infância às vésperas do recital de Natal e, é claro, não deu tempo de ela aprender as canções natalinas. Ela sempre pareceu se adaptar a essas mudanças repentinas, mas talvez isso tenha interferido em sua socialização, de alguma forma.

Mais tarde, ela parecia sempre se sentir de fora, a criança deslocada entre os colegas.

Fiquei em silêncio. Ele perguntou se eu estava triste ou deprimida.

Respondi que não.

Cansada, então?

Um pouco cansada, admiti, e um pouco distraída. Expliquei que estava trabalhando em um filme com uma trama muito complexa. Tentando manter todos os fios narrativos na mente. Às vezes, esqueço os fios. São tantos que às vezes fico preocupada, achando que estou no estágio inicial do Alzheimer.

Isso é algo que você teme?

Não é algo que todo mundo teme?

Algumas pessoas temem mais do que outras. Depende do histórico familiar.

Eu comentei que três dos meus quatro avós que viveram o suficiente para desenvolver a doença não a tiveram. Minha mãe, aos oitenta e nove anos, tinha sequelas neurológicas de um hematoma subdural e de uma cirurgia, mas não apresentava qualquer tipo de demência. Meu pai tinha apresentado sinais de demência já em 1984, quando esqueceu em qual dos dois hospitais havia deixado minha mãe uma hora antes, mas, por outro lado, ele bebia muito, ainda mais nos últimos trinta anos de vida. E quando ele morreu, no início dos anos 1990, a desorientação mental não tinha piorado muito em relação a 1984. Portanto, eu não achava que tinha motivos para ter muito medo do mal do Alzheimer. Estava apenas distraída.

Às vezes é difícil pensar nessas coisas quando se está preocupado com o trabalho, observou ele.

Acho que essa é a minha situação atual, falei.

8 de março de 2000

Falei que havia digitado algo que queria mostrar a ele.

Eu havia encontrado anotações que fiz depois de duas sessões com a psicóloga da Universidade da Califórnia com quem me consultei em 1955. Uma parte das anotações estava em uma página arrancada de um caderno, o restante parcialmente datilografado, com alguns acréscimos manuscritos. Ao lê-las, comentei que tinha ficado impressionada com a forma como pareciam abordar exatamente as questões sobre as quais estávamos falando, e desanimada com o pouco progresso que obtive em abordar essas mesmas questões ao longo dos últimos quarenta e cinco anos.

Ele leu as anotações, feitas em janeiro e março de 1955 (em anexo). "Ela era muito boa, foi direto ao ponto", disse ele. "Por que você só se consultou com ela duas vezes?" Expliquei que não tinham sido apenas duas vezes, que tinha me consultado com ela por pelo menos um semestre inteiro, talvez mais, pois isso era parte do acordo: era o que eu tinha que fazer para sair da casa da Tri Delt. Um conjunto de anotações tratava do fato de eu me sentir uma estranha lá. "Os anos de guerra, as mudanças constantes, é muito comum", disse ele. "Algumas crianças que são muito seguras de si encaram essas mudanças de forma diferente — elas veem um mundo novo se abrir a cada mudança. Claramente, não foi o seu caso."

O segundo conjunto de anotações tratava da minha apreensão em relação à morte do meu pai. Isso foi em 1955, o mesmo ano em que ele escreveu a carta de despedida para mim, que ainda estava no cofre quando ele morreu. "Então, parece que algum medo do que poderia acontecer com ele já estava sendo transmitido a mim naquela época", falei. "É claro que sim", respondeu ele. "Nós sabemos disso, já conversamos sobre isso."

Por que eu não consegui perceber isso na época?, perguntei. Por que me esqueci de tudo isso nesse meio-tempo? "Porque você não podia se permitir enxergar isso na época. Você estava em uma fase da sua vida em que queria ser livre. O motivo pelo qual você estava conversando com essa mulher era porque tinha dado um passo em direção à liberdade. É natural que tenha resistido a ela. Deve ter sentido que se consultar com uma psicóloga era uma restrição imposta, uma forma de mantê-la dependente. Você queria liberdade, e eles estavam lhe dizendo: você deve estar precisando de ajuda, você deve estar doente."

Eu disse que tinha lido um poema aquela semana que não conseguia tirar da cabeça, e pensar sobre o motivo me fez perceber algo. A poeta, Rosanna Warren, se dirige à leitora. O artifício do poema é que a leitora, "Lilly", está olhando para um tríptico da vida. "Você quer comprar o painel central, Lilly, mas não pode ter apenas ele", diz o poema, e mais adiante: "Não, você não pode comprar apenas o painel central, com o rei e a rainha / alegres e poderosos em seu barco, o bebê representando a liberdade / e a rede cheia de peixes cintilando em abençoada abundância...". E então: "Porque o barqueiro está vendado / porque o pescador coroado está de costas para nós / porque aquele barco / não zarpou / de nossas margens / nem zarpará, enquanto vivermos".

"Você ainda quer o painel central", observou ele.

"Exatamente", respondi. "Ainda quero me ver como a mãe no barco. Alegre e poderosa. Não quero o barqueiro, o barqueiro é Caronte. Não quero que o pescador se volte para mim, o pescador é Cristo. O final do poema é a morte. Percebi que talvez parte da situação em que me encontro agora resulte do fato de que nunca me preparei — de alguma forma, não consegui me preparar — para a idade que tenho e para a situação em que me encontro agora. E comecei a me perguntar se, de alguma forma, não teria sido necessário — para preservar a imagem de mim mesma como alguém jovem e poderosa — manter Quintana como um bebê, dependente de mim."

"É uma percepção muito profunda", disse ele. "Tem algo a mais nisso. Você não é a única a quem interessa que ela continue dependente. Também é do interesse dela."

Eu disse que sempre — ou pelo menos há alguns anos — reconhecemos a dependência dela, mas sempre pensamos nisso como um problema primordialmente "dela", um problema "nosso" apenas no sentido de que isso a afetava e que, de algum modo, não conseguimos evitar, não conseguimos incentivá-la a sair do ninho.

"'Incentivar' é uma palavra reveladora para usar nesse caso. A maioria dos filhos não precisa de incentivo para deixar o ninho. Eles mal podem esperar para voar. Tentam, olham para a mãe, veem que está tudo bem e voam."

Eu disse que não sabia em que momento Quintana tinha passado a ter medo de voar. Quando criança e adolescente, ela era tão fisicamente destemida e autossuficiente que teríamos rido de qualquer sugestão de que ela poderia ser dependente. A descida de trenó no lago Tahoe. Pegar o Volvo aos catorze anos.

"Ela estava tentando voar. Você acha que ela olhou para você e achou que não estava tudo bem?"

Eu disse que isso sugeria que eu tinha mantido um foco constante nela.

"E não manteve?"

Eu respondi que não, de forma alguma, na maior parte do tempo eu estava trabalhando, mesmo quando estava fisicamente presente, meu trabalho tendia a me isolar.

"Acho que mesmo quando estava trabalhando, você estava concentrada nela. Se sentia culpada, achava que não estava presente o suficiente, que não havia tempo suficiente para isso. Você mesma me contou como ficou triste quando as amigas dela citaram as frases favoritas das mães e ela disse que a sua era: 'Escove os dentes, escove o cabelo e fique quietinha porque estou trabalhando.'"

Isso era verdade, admiti. Também era verdade que toda a ficção que escrevi durante a infância dela poderia ser lida como uma tentativa de elaborar a separação dela antes que acontecesse. Eu já havia trabalhado tudo aquilo. Então, por que não conseguia me separar?

A separação tem tudo a ver com envolvimento, disse ele. Você tem dificuldade de se envolver. Talvez tenha lidado com ela à distância.

Eu disse que lidava com todos à distância.

"Não tenho dúvida", disse ele. "Foi a maneira como você foi criada." Ele voltou a falar sobre o livro de John McCain. "Eu só consegui ir lendo em pequenas doses", comentou. "É muito..."

Muito o quê, perguntei.

Ele apontou para o próprio peito. "Muito pessoal."

Eu disse que havia lido partes do livro e entendia o que ele queria dizer. Eu me reconheci no que ele dizia sobre a família, sobre a infância dele.

"Certos tipos de família americana desencorajam a livre expressão", disse ele. "Ele cresceu em uma dessas famílias, eu também, você também. Você tem dificuldade de conversar com as pessoas cara a cara. Não foi criada para isso."

Comecei a chorar.

"Algumas pessoas que foram criadas dessa forma são tão sensíveis que não conseguem conversar com outras pessoas sem chorar", disse ele.

"Como você pode ver", respondi.

Depois de uma pausa, perguntei se ele achava que eu deveria conversar sobre isso com Quintana.

"Eu acho que você deveria conversar com ela sobre o quão difícil está sendo para você", respondeu.

"Eu não quero que ela pense que está dificultando as coisas para mim", falei.

"Não. É claro que não. Eu estava me referindo às dificuldades que você tem de simplesmente se comunicar com as pessoas. Isso não tem a ver com ela, mas pode abrir caminhos para que ela entenda certas coisas sobre você e sobre ela mesma. É provável que ela tenha medo de que você esteja se sentindo sozinha. E tem motivos para isso. Você é muito próxima do seu marido, mas o que aconteceria com você se algo acontecesse com ele?"

Respondi que ela realmente parecia ter esse medo. Já havia expressado isso. O que me surpreendera. Sempre achei que ela se preocupava mais com o que aconteceria com você se algo acontecesse comigo.

"Bem, converse com ela sobre isso. Você tem que começar a falar sobre essas coisas. Posso imaginar como foi difícil para você vir até aqui e começar a conversar comigo. Tão difícil quanto foi falar com aquela mulher em Berkeley em 1955. Uma hora inteira, cara a cara, sem um assunto predefinido. Você é forçada a deixar que suas próprias questões surjam. Você não estava pronta para deixar suas questões virem à tona em 1955. Acho que agora está."

20-1-55

Comecei falando sobre nunca ser boa o bastante para satisfazer os outros.

A doutora sugeriu que talvez a gente descubra cedo que não dá para agradar os outros. Pensei no meu pai, mas pulei esse assunto. Falei sobre nunca ter pertencido a um grupo, mesmo que fosse superficialmente aceita, nunca ignorada pela família — houve certa confusão entre mim e a doutora sobre o significado de "ignorar". Como exemplo, contei a ela que me senti uma intrusa na minha própria festa de aniversário do sétimo ano, embora tivesse sido uma festa surpresa organizada pelas minhas amigas. Não consegui explicar o motivo. A doutora continuou insistindo, como se eu soubesse e não quisesse contar. Por fim, eu disse a ela que as outras tinham ficado para o jantar e eu, não. Isso não era exatamente verdade, do ponto de vista factual — foi algo que pensei na época, mas, em retrospecto, não vejo razão para terem feito uma festa para mim apenas para me excluírem do jantar. A doutora começou a falar sobre por que eu me sentia alienada do meu grupo de colegas. Eu disse que achava que era por causa das mudanças constantes e por causa do dinheiro — contei a ela que sempre achei que estivéssemos à beira da pobreza — exemplos relacionados — como a atitude do meu pai em relação ao dinheiro era sempre defensiva — a casa no número 500 da Hawthorn Road, o "nada de piscina" para Jimmy e o "venha ajudar com a jardinagem" para mim. Eu era incapaz de controlar o efeito disso em mim, embora o efeito — perturbação extrema — não tenha uma base racional.

A doutora sugeriu que eu ainda parecia precisar muito da aprovação do meu pai — que talvez eu fosse tão parcimoniosa com a autoaprovação quanto ele era comigo.

Respondi que não deveria ser assim.

Ela deu a entender que mesmo assim era, e disse que eu havia "entregado muito poder a ele".

Poder sobre minha própria vida? Algo que eu nunca havia considerado antes, e me deixou um pouco perturbada.

Discutimos a questão da autoaprovação. A doutora a definiu como a capacidade de me sentir confortável comigo mesma. Eu disse que, para mim, seria a capacidade de tomar uma decisão com a certeza de que pelo menos uma das escolhas era a correta. Falei, por exemplo, que parecia não haver uma escolha certa na questão de sair da casa da Tri Delt. Se não saísse, ficaria presa em uma situação insustentável. Se saísse, estaria decepcionando meu pai, eles tirariam meu broche etc. Talvez o melhor a fazer fosse largar a faculdade e voltar para a Sacramento State.

"A questão central aqui é: o que você *quer* fazer?"

Eu tive que admitir que não sabia. Cada caminho estava repleto de dúvidas.

Ela retomou a questão de "tirar o broche".

Expliquei o procedimento. Eu disse que, embora achasse tudo aquilo ridículo e, em um nível racional, não me importasse de ter ou não um broche da Tri Delt, havia algo nisso — ser excluída de um grupo ao qual eu nem queria pertencer — que me fazia temer repercussões futuras.

"Acredito que sim."

Isso me surpreendeu. Eu não disse nada.

"Isso me faz lembrar de uma festa de aniversário, sabe? Todo mundo sentado para jantar, menos você?"

Comecei a chorar, e o tempo da sessão acabou.

29-3-55

Primeiro: “Não sei o que dizer”.

“Por que não diz em que está pensando?”

“Só estou pensando que não sei o que dizer.”

“Talvez isso, por si só, precise ser dito.”

“Uma coisa em que tenho pensado: no fim da nossa última sessão, você disse que admitir que estava arrependida seria um luxo. Na hora, achei que tinha entendido, mas agora não entendo — quer dizer, sei que seria um luxo, mas não vejo por quê. Algumas noites atrás, eu estava deitada na cama e não conseguia parar de imaginar que meu pai havia morrido. Fiquei muito abalada. Não conseguia superar racionalmente esse sentimento de culpa intensa por não ter acertado as coisas com ele antes que fosse tarde demais. A resposta óbvia para isso seria que eu — quando o visse — baixasse a guarda e pedisse desculpas. Mas essa resposta parece ser apenas mais uma recusa de assumir responsabilidade.”

“Por quê?”

“Porque é tão monumental. Uma rendição emocional tão desmedida. E tão impossível. Não poderia ser feita.”

“Por que não?”

“Não é algo que se faça na minha família, nem em qualquer outra. Mas eu quero muito fazer isso antes que seja tarde demais.”

“Esse parece ser um sentimento que você tem em relação a muitas coisas. Me lembra seu comentário no início da sessão, de que não sabia o que dizer — o desejo de aproveitar o tempo e a profunda consciência de que o tempo estava passando. Você parece se sentir assim em muitas situações: a sensação de que vai ser tarde demais para fazer qualquer coisa, de que você não vai conseguir fazer o que tem que ser feito, de certa forma."

"Sim, é exatamente isso. E aqui, é a consciência de que o tempo está passando, de que estou desperdiçando seu tempo. É a mesma coisa em casa — estou sempre consciente de que o tempo está passando e de que não estou conseguindo resolver a situação. E ainda assim, sempre que meu pai me faz uma pergunta, só consigo responder de forma monossilábica... Quero dizer ao mundo inteiro que sinto muito e nem sei por quê. E isso é impossível, é claro."

"Quero que você entenda que ninguém aqui vai ficar decepcionado se você não conseguir expressar seus pensamentos em palavras. No entanto, é provável que você mesma fique, não?"

"Eu sei disso. Mas acho que sinto que você espera algo de mim, embora eu *saiba* que a perda é só minha."

"'Só?'"

"Bem, de quem mais seria?"

"Digamos que, mesmo que isso fosse — por algum motivo — me decepcionar, que diferença faria para você? Você nunca se comprometeu em falar abertamente comigo. E eu nunca pedi isso, mesmo que você suponha que sim."

"É isso. São as expectativas não declaradas — aquelas que nunca poderão ser satisfeitas, porque nunca poderão ser realmente conhecidas. Sempre há a possibilidade de alguma expectativa maior."

"Você parece estar deixando de lado a possibilidade de que, mesmo que soubesse o que era esperado — e mesmo que pudesse atender a essas expectativas — talvez não quisesse."

"Eu consigo lidar com as pequenas expectativas — as declaradas. Posso satisfazê-las ou me recusar a satisfazê-las. Mas as outras — aquelas cujas razões são desconhecidas —, essas precisam ser satisfeitas. Não posso me recusar. Elas se tornam uma necessidade."

"Entendo."

15 de março de 2000

Semana passada, eu disse que havia percebido que a dependência de Quintana era de meu interesse. Enquanto Quintana dependesse de mim, eu ainda seria jovem, ainda seria poderosa, ainda seria sua mãe. Quando fiz esse comentário, achei que estivesse relacionado ao fato de eu estar envelhecendo, precisando sentir que ainda estou em um estágio anterior da minha vida. Pensei mais sobre isso, falei, e agora me parece que eu sempre tive — mesmo quando muito mais jovem — esse interesse na dependência dela.

Isso parece muito claro para mim, comentou ele.

Foi o que ele quis dizer, continuei, quando falou, na semana passada, que é claro que eu estava sempre trabalhando. Ele estava dizendo que a dependência dela fazia com que eu me sentisse menos culpada por trabalhar.

Continue, disse ele.

Isso não fez sentido para mim na hora, falei. Porque a verdade é que nunca me senti culpada por trabalhar.

Eu não disse que você se sentia culpada por trabalhar, corrigiu ele. Eu disse que você se sentia culpada e disse que você trabalhava. Deixei que você relacionasse as duas coisas do jeito que quisesse.

Há uma conexão, admiti. Eu me sentia culpada por não lhe dar atenção, por não estar presente emocionalmente. Trabalhar era o que eu fazia em vez de lhe dar atenção. Trabalhar, como você observou uma vez, foi a maneira que encontrei de não estar presente emocionalmente.

Você tinha esse outro lugar muito bem-sucedido para onde podia ir, disse ele. Criou esse lugar onde não precisava se envolver. Criou outro mundo. E foi recompensada por isso. Eu diria que você encontrava refúgio nesse mundo alternativo desde muito pequena.

Eu tinha meu escritório, falei. Lembro-me de ir para o meu escritório no meio das festas em nossa casa. Não para trabalhar. Eu ia para o escritório só para me sentar à mesa e ficar sozinha. Eu disse que todos nós, na nossa família, gostávamos de ficar sozinhos. Inclusive Quintana. Mesmo quando ainda era muito pequena, ficava inquieta quando havia muitas pessoas perto dela por um longo período. Mas bastava que a levássemos para o quarto para tirar um cochilo que ela ficava feliz da vida, não cochilava, só ficava lá falando e brincando sozinha. E anos depois. Ainda hoje. Ela não consegue ficar na casa de alguém nem receber um amigo por mais de uma noite. Ela parece precisar ficar sozinha.

Todos vocês tinham os próprios quartos para onde podiam ir, observou ele.

Eu disse que toda essa questão do espaço, dos quartos, havia me inquietado muito esta semana. Fiquei apreensiva com a viagem para a Califórnia com Quintana. Ela tinha dito, logo de início, que esperava que cada uma de nós tivesse o próprio quarto. Respondi que isso era óbvio. Eu tinha reservado uma suíte com um quarto adjacente. Então comecei a me preocupar: será que o quarto adjacente era realmente conectado? E quando nossa assistente verificou, não era. Fiquei desesperada. Reagi de forma desproporcional até que consegui resolver o problema de modo que tivéssemos dois quartos separados, mas conectados.

Isso vai direto ao ponto, disse ele. A questão do separado, mas conectado. É aí que vocês duas estão tentando chegar, não é? A um ponto em que estejam separadas, mas conectadas? Cada uma livre da outra, mas ao mesmo tempo com uma conexão entre si?

Entendo o que você quer dizer, falei, mas tinha outra coisa. Contei a ele a história do "jantar de ensaio" na véspera do casamento. Disse que não achava que teria me incomodado se eu estivesse indo sozinha — aquilo apenas alimentou minha apreensão em relação à viagem.

"O fato de sua mãe não achar que seu irmão deveria vê-la como parte da família não teria incomodado você?"

Por mais estranho que pareça, respondi, acho que não. Aquilo estava na minha cabeça porque eu queria que tudo desse certo para Quintana. E, pensando bem, ainda não sei por que estou tão preocupada. Ela parece estar muito bem. Está calma, aberta, parece ter superado os momentos ruins pelos quais passou, se matriculou em uma academia e está se exercitando depois do trabalho — acho que para preencher aquele tempo em que, antes, o mais natural a fazer seria tomar um drinque — e está frequentando um pequeno grupo que o diretor da Smithers organizou. Tudo isso nos parece muito positivo.

Parece muito bom, concordou ele. Acho que quando alcançar a idade cronológica dela, ela vai ficar bem.

Não sei ao certo o que você quer dizer com isso, mas me interessa, falei. Me interessa porque sempre achei que ela era um pouco imatura para a idade. Ela só entendeu como se comportar no ensino médio quando já estava no último ano. Ela estava ótima naquele ano, mas então foi para a faculdade e entrou em queda livre. No último ano na Barnard, ela finalmente se recuperou, até que se formou e veio outra queda livre. Acho que ela ainda não aprendeu a ser adulta. Você acha que o tempo todo eu a impedi de crescer, a mantive dependente de mim?

Não, respondeu ele. O fato de você ter interesse ou não na dependência dela não significa que ela não fosse dependente desde o início. A criação conta muito, mas não é tudo. Existem áreas em que estamos geneticamente programados para agir de determinada maneira, para lidar ou não com a situação, o que quer que façamos. Não estou dizendo isso porque ela é adotada. Toda vez que um espermatozoide encontra um óvulo, o resultado é um conjunto diferente de possibilidades genéticas.

JDD: Não entendo como você pode dizer isso e ao mesmo tempo dizer que John McCain tem muita raiva — o que, segundo você, significa que ele se sente culpado por nunca corresponder às expectativas com as quais foi criado. Você está dizendo que John McCain reage da forma como reage por causa da criação, mas não pode inverter o raciocínio e dizer que Quintana reage da forma como reage por causa da programação genética.

RMK: É claro que a criação tem influência. Só estou dizendo que o acaso também conta. Não sabemos nada sobre os irmãos de John McCain, por exemplo. Eles não chegaram ao nosso conhecimento. O que sugere que talvez não sejam movidos pela mesma coisa. Mesmos pais, programação genética diferente. Vemos isso o tempo todo nas famílias.

Nesse momento, começamos a falar sobre famílias, meu irmão e eu, meu irmão e a relação dele com os filhos, a relação de Quintana com os filhos dele. Eu disse que achava que aquelas crianças tinham sido incentivadas a ver umas às outras como ameaças em potencial, e isso se estendia a Quintana, de modo que nunca foram próximas. Falei que ela sempre foi mais próxima das suas sobrinhas e dos seus sobrinhos, especialmente de Dominique. Falei novamente sobre a insistência dela em ir à escola durante toda a semana em que Dominique ficou na UTI, a recusa em participar do que, na prática, equivalia a uma vigília fúnebre.*

Ela não conseguia lidar com aquilo, disse ele.

É óbvio que não, respondi. E nós tínhamos que lidar com aquilo, não podíamos nos concentrar em tentar ajudá-la a passar por aquele momento. No dia seguinte ao funeral, fomos para o Havaí com ela, e lá conseguimos conversar

---

* Os aparelhos que mantinham Dominique Dunne viva foram desligados cinco dias depois de ela ter sido estrangulada pelo ex-namorado, que foi julgado e condenado por homicídio privilegiado. A família de Dominique acreditava que a sentença deveria ter sido mais severa. O pai dela, Nick Dunne, escreveu sobre o julgamento para a revista *Vanity Fair*.

um pouco. Uma coisa sobre a qual nunca falamos foi se aquilo afetou a atitude dela em relação a rapazes, homens, namorados. Se fez com que, em algum nível, perdesse a confiança. Acha que seria uma possibilidade?

Aos dezesseis anos, acho que não, disse ele. Nessa idade, já temos uma ideia formada de como nos sentimos em relação ao sexo oposto. São experiências muito anteriores que determinam essas atitudes.

Então, falei, houve toda aquela situação desagradável depois. Expliquei sobre o julgamento, o possível acordo judicial, a atitude e a fúria de Nick em relação a nós.

"Vocês achavam que, em um julgamento, coisas ruins viriam à tona", disse ele. "E ele achava que tudo sairia como o esperado."

Isso, respondi. Expliquei que Quintana e eu estávamos na lista de testemunhas e que mandamos Quintana embora, que nós mesmos fomos embora.

"E ele queria que vocês ficassem lá e testemunhassem, com a crença equivocada de que isso ajudaria a condenar o assassino da filha."

Eu disse que ele queria até mesmo que o filho do meio, um jovem emocionalmente frágil, testemunhasse, por mais que o episódio sobre o qual ele iria testemunhar tivesse sido presenciado durante um fim de semana em que ele estava de licença de Silver Hill, onde estava internado para tratamento de esquizofrenia paranoide.

"Eu entendo sua frustração", disse ele.

22 de março de 2000

Eu disse que o que mais ocupou minha mente esta semana foi a conversa que tivemos com Quintana, primeiro na quinta-feira, no jantar, e depois no domingo, durante o almoço. Expliquei: ela disse que estava falando sobre o assunto mais cedo do que pretendia porque tinha recebido, ou esperava receber, uma oferta de emprego para uma nova revista, em um cargo mais ou menos equivalente, mas com um salário muito mais alto. Isso fez com que ela se perguntasse se realmente queria continuar fazendo o que fazia, se não seria o momento de se lançar por conta própria e tentar se dedicar apenas a tirar fotografias.

Antes de mais nada, ele disse que, à primeira vista, há duas questões distintas aqui. Ela pode decidir não aceitar o novo emprego e ainda assim não achar que é o momento certo de se lançar por conta própria. Essa é uma decisão independente, que ela pode tomar agora ou adiar.

Respondi que achava que havíamos tentado explicar isso de alguma forma. Disse que, embora ambos apoiássemos a ideia de ela fotografar por conta própria, tínhamos algumas reservas quanto a fazer isso agora. Ela já havia tentado seguir esse caminho antes, alguns anos depois de sair da faculdade, quando estava trabalhando para uma agência de fotografia, e depois de um ano acabou aceitando um emprego em uma revista. Contei que havia comentado com ela durante o jantar que, em retrospecto, aquele tinha sido o período em que a bebida se tornara um problema, e ela respondeu que não, que o problema não tinha sido a bebida, o problema tinha sido D. Expliquei sobre o relacionamento com D. Disse que a bebida tinha de fato sido uma parte importante da relação, que quando ele a convidava para passar a semana em Riverdale — o que ela considerava prejudicial para o trabalho dela — isso envolvia, na verdade, muita bebida, o que, segundo ela mesma contou na época, era a única coisa que ele fazia nos fins de semana.

"Ele queria uma parceira de copo", disse ele.

Algo assim, respondi. Isso ficou claro no verão passado, quando ela estava em um programa de desintoxicação em Millstein e o reencontrara. "Acho que nós dois sempre soubemos que as coisas terminariam assim", dissera D.

"Por que exatamente você achou que mencionar isso a ajudaria?", perguntou ele.

Respondi que, depois, pensando melhor, percebi que não tinha ajudado. Que ela havia recebido bem, mas eu não deveria ter dito aquilo. Na hora, achei que era algo que ela deveria ter em mente, para ficar atenta e não perder o foco.

"Qual você acha que foi o subtexto de toda essa conversa?", perguntou ele.

Eu disse que, para mim, era sobre dependência. Tendo em vista que, embora isso não tenha sido discutido, trabalhar por conta própria envolveria depender financeiramente de nós. Eu tinha muito medo de que isso exacerbasse os sentimentos de dependência dela, que estavam no cerne da situação em que ela se encontrava agora.

"Isso com certeza está na raiz de tudo", concordou ele. "É uma questão muito complicada de negociar. É muito difícil conceber um apoio financeiro que não envolva algum tipo de amarra. Algumas pessoas de muita sorte, filhas de pais extraordinários, parecem ser capazes de transcender essas amarras. Mas a maioria de nós as sente. Vocês vão ter que falar sobre isso, mas com tato. Vão ter que encontrar uma maneira de dizer que o dinheiro seria dela de qualquer forma. Estou presumindo que isso não vá representar dificuldades financeiras para vocês."

Eu disse que não. De todo modo, a curto prazo, essa não era nossa principal preocupação.

"Talvez uma maneira de fazer isso seja dizer: olha, isso seria seu um dia de qualquer forma, estamos dando a você agora porque é quando você precisa."

"Falar como se fosse um investimento", sugeri.

"Bem, sim, mas não exatamente. No caso de um investimento, há uma expectativa de retorno. É preciso deixar claro que qualquer retorno que vocês esperam é intangível. Vocês querem que ela tenha esse dinheiro enquanto ainda estão vivos para terem o prazer de vê-la usando isso para crescer."

Eu disse que havia ficado ainda mais preocupada com o que interpretei como uma espécie de regressão ou resistência nessas duas conversas. O foco dela parecia estar mais em deixar o emprego do que em ir para algum lugar específico. Tínhamos conversado sobre dar um passo de cada vez, sobre as coisas que ela tinha que fazer primeiro:

montar um portfólio, pensar em quanto tempo isso levaria, fazer uma lista de pessoas para procurar, agentes, editores etc. Quanto mais conversávamos, menos ela parecia dizer.

"Porque você a estava infantilizando", disse ele. "Ela não é uma garotinha que acabou de sair da escola e que precisa de você para lhe dizer que tem que montar um portfólio. Ela sabe que precisa de um. Ela já esteve do outro lado da mesa. Sabe muito mais sobre isso do que você."

"Então, por que ela ainda não montou um?", perguntei.

"Não sei. Ela já expôs as fotografias dela?"

Eu respondi que, na verdade, não, que ela nunca chegou a reuni-las. Um amigo nosso [Earl]* que tinha uma galeria viu algumas das fotografias dela e disse a ela para reunir mais material, que ele organizaria uma exposição, mas ela nunca fez isso. Da mesma forma, vários amigos nossos que eram fotógrafos profissionais renomados pediram a ela para procurá-los, mas ela nunca procurava.

"Por que você acha que ela não procurava?", perguntou ele.

Respondi que acho que ela tem medo de mostrar o trabalho dela. Tem medo da rejeição, de alguém não gostar. Falei que entendia perfeitamente. Contei a ele sobre quando

---

* Earl McGrath foi um dos amigos mais próximos de Didion até sua morte, em 2016. Ele era uma figura carismática, que transitava com naturalidade entre os mundos da música e da arte. Eles se tornaram amigos no início da década de 1960, quando moravam em Los Angeles, e continuaram próximos depois de se mudarem para Nova York.

recebi a carta de Robert Lescher,* quando estava em Berkeley, e como nunca respondi. Eu não tinha como responder, porque ele queria ver meu trabalho e eu tinha medo de mostrá-lo e ele dizer que era ruim, então todo o meu pequeno sonho secreto de ser escritora estaria arruinado.

"Eu acho que você tem que contar essa história para Quintana", disse ele. "Acho que isso seria muito importante para ela. A conversa que você tem que ter não é sobre por que ela não fez isso, ou por que nunca terminou aquilo. A mensagem não pode ser 'por que você nunca termina nada?'. A conversa precisa abordar esses medos íntimos que ela tem. Saber que você se sentiu da mesma forma e que, mesmo assim, superou isso pode ser muito bom para ela. Ela ainda precisa entender muita coisa. Precisa entender que a realização artística envolve mostrar o trabalho, se arriscar. Precisa entender que não é o fim do mundo se algumas pessoas não gostarem."

Falei que achava que ela já tinha entendido isso, já que passou a vida inteira nos vendo nos expor e lendo as críticas negativas ao nosso trabalho.

"Você não está entendendo", disse ele. "Você acha que ela vê você como você se vê, alguém que superou muitos medos para chegar aonde chegou. Imagino que você e seu marido também se vejam como pessoas extremamente sortudas, uma vez que têm um ao outro para se apoiar ao

* Robert Lescher foi um importante editor e, posteriormente, agente literário em Nova York.

assumirem riscos, o que os torna, na verdade, menos arriscados. Mas ela não vê você dessa forma. Ela vê você como um ser sublime dotado de um enorme talento. Ela acha que você nasceu do jeito que é agora, programada desde a concepção para ter sucesso. Acho que você precisa conversar com ela sobre o apoio que você e seu marido dão um ao outro, sobre o apoio que você recebe de editores ou de quem quer que seja, sobre como se sentiu diante da primeira crítica negativa, da primeira rejeição — sobre tudo o que foi necessário para chegar aonde você está, sobre o medo de não conseguir. Conte a ela a história do agente."

Comentei que achava que seria útil para ela encontrar um mentor profissional. Alguém a quem ela quisesse impressionar, alguém que esperasse coisas dela.

"Sem dúvida", disse ele. "Alguém de fora da família. E, no momento, o dr. Kass está desempenhando esse papel. Uma transferência perfeita. Assim ela pode se ressentir dele. Eu realmente acho que tudo isso representa uma grande oportunidade de crescimento para ela. O desafio para você, obviamente, está em descobrir como guiá-la nesse processo."

19 de abril de 2000

Eu disse que os benefícios, para mim, dos cinco dias que passei com Quintana pareciam continuar — eu me sentia mais tranquila, menos preocupada com o fato de não a ver nem ter notícias dela, mais confortável em deixar que ela resolvesse as coisas sozinha.

"Ela não está tentando excluir vocês dois", disse ele. "Espero que estejam começando a entender. Ela precisa muito dessa relação, anseia por isso. Mas precisa de tempo sozinha, precisa de espaço, precisa se olhar no espelho e não se ver pelos seus olhos ou pelos do seu marido. Não estou dizendo isso apenas como uma metáfora. É literal também. Você já deve ter tido a experiência de se ver na televisão ou de se ouvir em uma gravação e pensar: essa não sou eu, esse não é o meu rosto, essa não é a minha voz. Depois, você se acostuma consigo mesma e fica tudo bem. Ela ainda não sabe qual é o rosto dela, a voz dela. E está tentando descobrir."

Eu disse que tínhamos percebido que Quintana tendia a interpretar nossas perguntas como uma cobrança ou uma tentativa de controle, o que desencadeava uma reação defensiva da parte dela.

"Definitivamente, ela vê você — vocês dois — dessa forma. Ela acha que você faz perguntas porque não confia nela. Acha que não confia nela para fazer o que tem que ser feito. E a defesa automática dela é não fazer o que você está sugerindo. Ela chega a se autossabotar só para não fazer o que você diz. Não estou dizendo isso com base em algum conhecimento específico, estou dizendo porque é uma dinâmica típica entre pais e filhos adultos que ainda não conseguiram estabelecer uma separação saudável. Eu devo ter dito isso a você de uma forma ou outra umas cinquenta vezes, mas você tinha que chegar a essa conclusão sozinha."

Contei que, ao longo dos cinco dias que passamos juntas, eu havia feito um esforço consciente para não perguntar nada que pudesse deixá-la na defensiva. E que ela havia se mostrado mais aberta e até compartilhara espontaneamente informações sobre as quais eu havia evitado perguntar.

"Ela entendeu. Percebeu que você não fez essa viagem como uma tentativa de contornar as defesas já frágeis dela, e retribuiu com gratidão. Espero que seu marido esteja começando a entender isso também, porque vocês dois precisam afrouxar o vínculo de dependência dela. Não o vínculo que demonstra que a amam, mas aquele que diz que vocês precisam administrar a vida dela porque ela não é capaz de fazer isso sozinha."

Eu disse que você entendia isso, embora não tivesse tido o benefício dos cinco dias sozinho com ela, o que, para mim, tinha sido bastante libertador. Senti como se uma grande parte da preocupação e da confusão tivesse começado a se dissipar.

"Se o seu marido ainda sentir essa preocupação e essa confusão, traga ele com você. Acho que o mais importante para vocês dois agora é lembrar que colocar qualquer tipo de pressão em cima de Quintana vai ser contraproducente. Ela precisa entender quem é antes de aprender a lidar com o estresse."

Eu disse que estávamos tentando evitar coisas que haviam causado estresse no passado. Por exemplo, a ideia de ir para St. Barth's no Dia de Ação de Graças no ano passado foi — de acordo com o dr. Kass — uma fonte de estresse para ela. Conversei com ela sobre isso, tentando aliviar a pressão, dizendo que não fazia diferença para nós, que sabíamos que talvez fosse um período difícil para ela no trabalho, que só precisávamos que ela nos desse uma resposta definitiva com quatro semanas de antecedência, para que pudéssemos cancelar a reserva do quarto dela. Então, quando faltavam quatro semanas, eu a lembrei disso, e ela disse que havia pensado bem e decidido que queria ir. Mas acabamos não indo por causa do furacão e, de certa forma, foi um alívio — ainda havia certo grau de ambiguidade, e não queríamos ver essa ambiguidade se manifestar quando chegássemos lá ou depois.

Então, este ano, decidimos ir para Paris, onde poderíamos cancelar o quarto dela até o último minuto, ela teria mais independência etc.

"Por que levá-la?"

Porque é um feriado, respondi. Não quero que ela se sinta deixada de fora.

"Por que ela se sentiria deixada de fora? Ela não tem a própria vida? Não está na hora de começar a vivê-la?

Afinal, vocês dois não estão saindo de férias e deixando uma criança de cinco anos sozinha no Natal, não é?"

Eu disse que só não queria que ela se sentisse sozinha.

"Por que acha que ela se sentiria sozinha? Você se sentiria sozinha na idade dela se seus pais viajassem no Dia de Ação de Graças sem você?"

Claro que não, respondi. Na idade dela, eu já era casada e era mãe dela. Passávamos os feriados apenas nós. De vez em quando, visitávamos sua família ou a minha, mas isso era mais uma obrigação do que algo que de fato gostávamos de fazer.

"Eu sei que você cresceu em uma família grande. Imagino que seu marido também. Eu cresci, a maioria de nós cresceu. Mas a vida mudou."

Eu disse que a vida havia mudado para aqueles que tinham se afastado. As grandes famílias continuavam mais ou menos como antes. Por exemplo, no casamento de Lori, todos os meus primos insistiram que tínhamos que estar presentes na Páscoa desse ano porque a nova geração estaria organizando, então todos tínhamos que comparecer. Isso não significava que todos ainda morassem em Sacramento, pelo contrário — estavam espalhados por lugares tão distantes quanto Nova Jersey, mas todos iam passar a Páscoa no Niffer's. Eles faziam muitas reuniões como essa. O almoço no Clift no sábado antes do Natal, a Páscoa etc. Eu disse que Quintana tinha ficado intrigada com isso, porque vivíamos de um jeito muito diferente. O pai dela e eu tínhamos nos afastado.

"Vocês se afastaram fisicamente, sim, mas acabou de dizer que não era esse o ponto. Uma de suas primas mora em Nova Jersey, mas ela vai à Páscoa. Vai ao almoço de Natal no Clift. Vocês, não."

Eu disse que também tinha me afastado emocionalmente. Assim como você.

"Por que vocês se afastaram?", perguntou ele. "Achavam que a família de vocês, de alguma forma, limitava sua liberdade? Achavam que, se não cortassem os laços, tentariam controlar vocês?"

Eu disse que não sabia. Até certo ponto, achava que sim.

"O interessante aqui é que vocês dois romperam com a família, mas depois parecem ter recriado uma do mesmo tipo."

"Em uma escala muito menor, mas acho que sim."

"Você não acha que a escala menor amplia o poder de controle?"

Respondi que tinha entendido o que ele queria dizer.

"Só dê espaço a ela. Respeite-a. Deixe que ela se veja como realmente é. Quanto mais olhar para si mesma com os próprios olhos, mais vai gostar do que vê. Você também teve que aprender a se ver com seus próprios olhos. Eu ficaria muito surpreso se soubesse que as aparições públicas não foram, no início, muito difíceis para você. Mas você se acostumou. Aprendeu a gostar de si mesma."

Eu respondi que, no geral, sim, tinha me acostumado. Exceto pelo fato de que, de vez em quando, do nada, eu era tomada por um medo de falar em público tão intenso que ficava paralisada, vomitava. No restante do tempo, eu ia lá, fazia o que tinha que fazer e até gostava.

"Pense nessas vezes em que você não conseguiu. Elas tinham algo em comum?"

Pensei nisso enquanto caminhava para comprar pão. Teve a palestra em Berkeley, em 1975. Teve a leitura da PEN aqui no teatro. Teve também uma palestra que dei uma vez na Universidade da Califórnia, em Davis. Enquanto esperava o pão ser embrulhado, entendi. A palestra na UC Davis, uma ocasião sem importância, sem peso, era a chave. Em cada uma dessas ocasiões — e em nenhuma outra — um dos meus pais ou ambos estavam presentes.

26 de abril de 2000

O dr. MacKinnon perguntou como foi a Páscoa. Eu respondi que tinha sido muito boa, e que na segunda e na terça-feira de manhã eu tinha começado a me sentir ligeiramente no controle, quase eufórica.

Então o que aconteceu, perguntou ele.

Eu expliquei o que tinha acontecido. Desde a ligação inicial para Sharon,* passando pelo telefonema do St. Monica's, até seu encontro com ela e as conversas que tivemos ontem à noite e hoje de manhã. Disse que fazia três dias que ela não comia e que não tinha dormido na noite anterior. Que ela disse que não aguentava mais mentir para todo mundo. Que havia cortado contato com as pessoas que se importavam com ela — porque tinha medo de que interviessem, de que "a jogassem em um hospício" — e que vinha se relacionando exclusivamente com pessoas que não se importavam com ela.

O que fez com que ela sentisse raiva de si mesma e se visse como alguém sem valor, disse ele.

Sim, respondi. A ponto de ela ter dito várias vezes que seria melhor se ela não existisse. O que nos pareceu preocupante.

"E é preocupante", disse ele. "Há uma forte correlação entre alcoolismo crônico e suicídio. Nunca é demais reforçar que você precisa jogar todas as cartas que tiver com ela — jogar com a culpa, sem pudor —, dizer que você

* Assistente de Didion e Dunne.

nunca mais teria um dia bom se alguma coisa acontecesse com ela. Se houve algum momento para fazê-la sentir que precisa cuidar de você, proteger você, esse momento é agora. Já tratei pacientes com tendências suicidas, já acompanhei situações assim de perto, sei como eles pensam, eles conseguem se convencer de que todas as pessoas que amam estariam melhor sem eles, que superariam, que ficariam aliviados por não ter mais que se preocupar. Você precisa combater esse pensamento da maneira mais enfática possível."

Eu disse que tínhamos tentado fazer isso. Contei que, em determinado momento, quando ela tinha dito que seria melhor se não existisse, eu respondera que, se ela não existisse, eu não conseguiria viver. Então você entrara na cozinha, onde eu e ela estávamos abraçadas, chorando, e eu contara a você sobre o que estávamos conversando. E você dissera, para aliviar o clima pesado: "E é claro que eu ficaria bem". E ela tinha rido e dito: "Ah, claro, você seguiria em frente como se nada tivesse acontecido".

"Isso parece encorajador, uma conversa muito saudável", comentou ele.

Eu disse que eu e ela havíamos conversado sobre o dr. Kass. Tanto na Califórnia quanto na noite passada, ela tinha dito que o dr. Kass parecia estar se distanciando. Ontem à noite, eu soube que, na verdade, ela tinha dito a ele que a terapia não estava funcionando, que queria ter sessões com ele apenas uma vez a cada duas semanas. Perguntei a ela se o dr. Kass sabia que ela estava bebendo.

Ela respondeu que não, "ele nunca me pergunta". Eu sugeri que essa talvez fosse a causa do que ela estava interpretando como um afastamento. Que havia entre os dois, em todas as conversas, um segredo, e que ele talvez tivesse percebido essa barreira. "Agora que você disse isso", respondeu ela, "é óbvio que é isso, claro que é." Então acho que você deve contar a ele, falei. Isso faz parte de parar de mentir. Ela concordou.

"Já sugeri a você uma vez que talvez fosse útil se eu mencionasse isso ao dr. Kass, e você não quis", disse ele. "Mudou de ideia?"

Respondi que achava que não. Talvez eu tivesse uma opinião diferente se ela não conversasse com ele sobre o assunto até a próxima semana. Mas achava que havia mais valor no fato de ela contar a ele — ser sincera — em vez de eu intervir, tirando dela a oportunidade de ser sincera.

"Acho que há algo inteligente nisso", disse ele. "Podemos esperar para ver o que acontece na próxima consulta deles."

Contei a ele sobre a discussão a respeito da Semana dos Pais em Hazelden. Eu disse que estivéramos ocupados, é óbvio, mas, francamente, também não queríamos ir. Não queríamos ficar presos durante cinco dias (ela disse três, mas eu me lembro de cinco, o que fazia mais sentido, pois era "Semana" dos Pais) com pessoas que não conhecíamos e com quem não queríamos compartilhar nossas preocupações. Eu podia ler o material sozinha. Conseguia entender sem precisar de uma palestra. Seria como uma longa reunião do Al-Anon, sem saída.

"O valor desses programas não está no que você aprende ou deixa de aprender sobre o alcoolismo, mesmo que seja isso que digam", observou ele. "O valor está na declaração. Com sua presença, você está dizendo à sua filha não apenas que leva o problema a sério — isso você já demonstrou levando-a até lá —, mas também que leva essa solução específica a sério. Na verdade, você está legitimando essa solução. Isso pode ser muito significativo para uma pessoa que passou a vida buscando sua aprovação."

Eu disse que talvez tivéssemos cometido um erro, mas era difícil para mim ver as coisas dessa forma depois de ouvir ontem à noite sobre a pressão que colocaram em Quintana para que nós fôssemos — "você não fica com raiva dos seus pais por eles não virem?", depois perguntando a ela se você era alcoólatra quando ela mencionou que não conseguia imaginá-lo jantando às seis da tarde sem tomar duas doses de uísque.

Isso o fez rir muito. "Talvez ajudasse se vocês tivessem ido", disse ele, "mas é claro que o fato de ela ter tocado no assunto ontem à noite tem a ver, em parte, com a tentativa de atribuir a culpa a outra pessoa."

Eu disse que essa tinha sido a sua reação, no caso de Nicola, e contei sobre Nicola.

"Ser honesto consigo mesmo já é difícil, e é ainda mais difícil para alcoólatras, porque a mentira está profundamente integrada à estrutura da personalidade. Há muito trabalho a fazer. Mas, no geral, eu interpretaria isso como um desdobramento muito positivo — ela está tentando enfrentar o problema, procurou as pessoas certas, vocês a apoiaram, todos estão conversando. É quando ela se fecha — para de falar — que vocês estão em apuros de novo."

Eu contei que ela tinha me dado o "Livro Azul" na noite passada e que eu o havia lido e encontrado algumas coisas interessantes. Comentei que tinha entendido a importância de alguns dos passos, como, por exemplo, o quarto, que envolvia listar seus ressentimentos e analisar cada um em busca da ameaça que ele mascarava.

"Ela viu você lendo o livro? Soube que você leu?"

Respondi que sim. Eu havia lido alguns trechos para ela no café da manhã e tínhamos conversado a respeito. Ela estava preocupada por não ter terminado o "dever de casa" para a reunião sobre o Livro Azul, que envolvia realizar o quarto passo, depois do qual, de acordo com Bill W., "você terá encarado grandes verdades sobre si mesmo". Eu disse a ela que, no estado em que se encontrava antes, ela não estava de forma alguma em condições de encarar grandes verdades sobre si mesma. Falei que agora talvez ela estivesse pronta, e que isso era algo que ela deveria discutir com o responsável pelo Smithers. Também conversamos sobre a ordem dos passos. Eu tinha a impressão de que eles estavam na ordem errada — de que você poderia chegar ao passo do "poder superior" (dois ou três) a partir da compreensão dos passos posteriores, mas que, como estava, seria um passo desesperado no escuro. Eu não entendia por que seria necessário seguir os passos em ordem, mas ela disse que era assim que funcionava.

"Não precisa. Cada um escolhe a forma que funciona melhor para si. Mas isso foi muito bom para ela. Ver você lendo, absorvendo e levando aquilo a sério. Quanto mais conversas como essa vocês tiverem, maior a esperança de que ela consiga seguir adiante. Há algo que você precisa ter em mente, no entanto. Pode ser que ela precise de uma desintoxicação. Talvez ela não consiga suportar a abstinência sozinha. Isso é algo que vocês têm que observar e discutir. Porque, quando o nível de álcool no sangue cair, ela vai sentir necessidade de beber. E então, sem ajuda, ela vai voltar ao ponto em que estava. Vocês precisam ficar atentos, porque se ela não estiver bebendo, isso pode acontecer muito em breve."

Falei que ficaríamos atentos a isso e que eu precisava de um conselho para outra questão específica. Como tínhamos conversado algumas semanas antes, ela havia expressado um forte desejo de deixar o emprego e começar a trabalhar por conta própria como fotógrafa. Nós reagimos a isso de forma positiva. No entanto, nenhuma medida tinha sido tomada e, por razões óbvias, o assunto não foi abordado ontem à noite. O que eu queria saber era o seguinte: considerando a situação revelada na noite passada, estaríamos errados — caso o assunto voltasse a surgir em algum momento nas próximas semanas — em desencorajar essa mudança?

"Não. Vocês não estariam errados. Esse é, sem dúvida, o pior momento para ela acordar sozinha todas as manhãs e ter que reinventar a própria vida. Ela provavelmente sabe disso — e é por esse motivo que não agiu —, mas se ela não sabe, vocês precisam encontrar uma maneira de dizer isso a ela. Imagino que você já tenha conversado com ela sobre o que discutimos; a necessidade, se vai levar esse tipo de vida, de aceitar o risco de críticas? De aceitar o fato de que vai precisar colocar o ego em jogo?"

Eu respondi que havíamos conversado bastante sobre isso na Califórnia. Ela só ficou na defensiva em um momento, e disse: "Isso quer dizer que vocês não vão me apoiar?". Mas eu a ajudei a entender a situação, e tivemos o que considerei uma boa conversa sobre o assunto.

"Eu acho que o que vocês devem fazer, se e quando a questão surgir em um futuro próximo, é estabelecer uma condição para ela seguir com essa mudança. Expliquem suas preocupações, é claro. Mas não atrelem isso a um ideal de sobriedade que, no momento, não é factível para ela. Diga que ela estará pronta para lidar com as demandas dessa vida quando concluir uma tarefa profissional que, considerando o medo de críticas — que ela interpreta como fracasso —, exija que ela se exponha de alguma forma. Se ela organizasse uma exposição do próprio trabalho, por exemplo, então estaria pronta, porque já teria aceitado o risco de críticas."

3 de maio de 2000

Eu disse que estava muito deprimida. Disse que não parecia haver nada que você ou eu pudéssemos fazer para ajudar Quintana. Em minha última sessão com ele, estávamos em uma situação de crise, mas estávamos — ou tínhamos estado até o fim da manhã daquele dia — conversando abertamente.

"Então ela se fechou", disse ele.

Sim, respondi. E, ao revisar a cronologia que tinha feito dos acontecimentos desde o verão passado, notei que havia um padrão. A cada quatro ou seis semanas, uma crise, uma abertura, depois o recuo, o distanciamento.

"Mas isso é natural", disse ele. "É esperado. Você não percebe?"

Falei que tinha começado a sentir que ela estava nos manipulando para reagirmos de determinada maneira.

"Ela está. Essa tem sido a dinâmica da relação de vocês. É isso que estamos tentando romper. Estamos tentando ensinar vocês a não reagirem como ela espera. Ela procura vocês pedindo ajuda, vocês dão, ela rejeita, vocês demonstram decepção. Foi isso que aconteceu dessa vez?"

Eu respondi que, em linha gerais, sim. Expliquei sobre a ligação para Robert* e disse que havíamos discutido a possibilidade de ela falar com ele durante esta crise, e ela

* Robert Fox é um produtor inglês de cinema e teatro. Foi casado por um breve período com a atriz Natasha Richardson. A cerimônia de casamento foi realizada no apartamento de Didion e Dunne em Nova York.

pareceu receptiva à ideia. Mas só ligamos para ele depois de conversarmos de novo com ela no domingo à noite.

"Por que não ligaram antes?", perguntou ele.

Eu respondi que houve outro episódio recente em que tínhamos sugerido falar com alguém, ela concordou, a ligação foi feita, mas ela não deu continuidade. Isso se tornou uma questão para nós, mesmo que não necessariamente para ela.

"Acredite, se era uma questão para vocês, era uma questão para ela. A recusa dela em dar continuidade nessa ocasião sugere claramente que ela se sentiu pressionada, encurralada."

"Mas ela tinha concordado que fizéssemos a ligação anterior."

"Porque era mais fácil? Porque ela não queria discutir?"

Em retrospecto, eu disse, esse obviamente tinha sido o caso. Por isso, nessa segunda ocasião, queríamos ter certeza absoluta de que ela queria que ligássemos. Você havia perguntado a ela (A) se ela queria falar com Robert (a resposta foi "eu adoraria"), e (B) se, nesse caso, ela preferia fazer a primeira ligação ou gostaria que você ligasse primeiro. A resposta a essa pergunta foi que ela queria que você ligasse primeiro. Então, na segunda de manhã, você ligou e deixou as informações na secretária eletrônica dela. Mas na terça de manhã ela não tinha ligado ainda e, quando questionada sobre isso na noite passada, disse que tinha ligado, mas que os dois tinham se desencontrado. Em seguida, se mostrou resistente, dando sinais claros de que estava se sentindo pressionada. O que não me pareceu justo conosco, nem sincero com ela mesma.

"O que é ou não justo não se aplica aqui", disse ele. "Alcoólatras não são sinceros consigo mesmos, é o que define a doença. É preciso driblá-los, ser mais esperto do que eles e, de alguma forma, fazer com que se comprometam com a própria recuperação."

Eu respondi que era o que estávamos tentando fazer. Tinha sido justamente por isso que pedimos a ela que confirmasse o interesse. Perguntei como ele teria lidado com a situação.

"Em primeiro lugar, eu teria sugerido que apenas um de vocês dois — você ou seu marido — conduzisse a negociação com ela. Dessa forma, seria mais difícil ela partir para o que já se tornou automaticamente a conclusão mais imediata: a ideia de que há uma frente unida — vocês dois juntos, os amigos dela, o dr. Kass, quem quer que demonstre preocupação no momento — tentando controlar a vida dela. Em segundo lugar, eu provavelmente teria sugerido que a responsável pela negociação nesse caso fosse você. Na nossa cultura, as filhas tendem a considerar as mães menos potencialmente controladoras do que os pais. Os filhos, por outro lado, tendem a ver os pais como menos potencialmente controladores do que as mães. Essas percepções podem ou não estar equivocadas, mas já percebi que são muito constantes na dinâmica familiar. Em terceiro lugar, eu teria sugerido que a negociação fosse muito além do que foi. Vocês se limitaram a perguntar se ela queria fazer a ligação inicial ou se queria que vocês fizessem. Quando ela respondeu que preferia que vocês ligassem, eu teria perguntado se ela queria estar presente na hora da ligação. Se respondesse que não, eu teria pedido a ela conselhos sobre o que dizer e como dizer. E se respondesse que para ela não importava o que dissessem, eu teria rido, minimizado, feito uma brincadeira, dito algo como: 'Eu estaria interpretando você corretamente se achasse que não importa o que eu disser porque você não vai dar continuidade de qualquer maneira?'."

Falei que toda essa situação estava sendo muito difícil tanto para você quanto para mim. Que era quase impossível realizar qualquer trabalho contínuo — até mesmo um que não fosse contínuo —, porque no meio de uma discussão sobre trabalho, um de nós dois sempre acabava voltando a falar sobre Quintana.

"Isso é muito ruim. Porque o trabalho é um ansiolítico extremamente eficaz. Como você bem sabe. Você certamente usou o trabalho dessa forma a vida toda, e tem funcionado. No momento, grande parte da sua ansiedade tem a ver com o fato de não estar conseguindo trabalhar."

Eu respondi que sim, claro. E que havia muitos outros aborrecimentos e problemas em nossa vida profissional. Um contrato muito malconduzido, por exemplo.

"Vocês não têm agentes que possam cuidar disso para vocês, considerando todas as outras coisas com as quais têm que se preocupar?"

Eu expliquei que os agentes, na verdade, não cuidavam disso. Há décadas era nosso advogado quem tratava dessas questões, mas ele já estava com quase noventa anos, a mulher dele estava doente, ele não estava por dentro da situação e os outros no escritório não estavam preparados para lidar com aquilo.

"Então, vocês têm decisões a tomar, mas não se sentem em condições de fazer isso."

Exatamente, respondi. E teríamos que ser nós a tomar essas decisões, porque a ideia de que nosso advogado as tomasse por nós tinha sido praticamente descartada quando o escritório dele se desfez no Natal e ele estabeleceu um novo.

"Vocês têm que lidar com muita coisa. Acho que seria bom se você tentasse outro antidepressivo. Acho que temos que fazer você voltar a trabalhar de forma eficaz."

Então ele perguntou se o suicídio ainda me preocupava. Respondi que sim, a ponto de estar um pouco apreensiva com a ideia de ir a Washington neste fim de semana, mesmo que apenas por uma noite.

"Então não vá", disse ele.

Eu respondi que tinha que ir e que, de todo modo, se não fosse, provavelmente não falaria com Quintana durante todo o fim de semana, e acabaria ficando irritada com ela por atrapalhar minha vida.

"Você está cometendo o erro de achar que isso é sobre Quintana. Não é. É sobre você. Nada do que alguém faça ou deixe de fazer pode impedir uma pessoa de fazer mal a si mesma se ela estiver decidida. A única coisa que você pode fazer é se poupar de uma culpa injustificada. Se convencer de que fez tudo que podia. Se você realmente acha que pode salvá-la se não for a Washington, não vá. Se consegue aceitar de verdade que não vai fazer diferença, então vá."

Eu disse que conseguia aceitar de verdade que não faria diferença e que, de qualquer forma, se algo acontecesse, eu teria muitos outros motivos para me sentir culpada.

"É verdade. As pessoas se sentem culpadas até por acidentes sobre os quais não têm qualquer controle. Por que a deixei fazer aquela viagem? Por que ela pegou justamente aquele carro? Por que tínhamos uma piscina, por que fomos ao lago?"

Eu disse que — esta semana — não tinha conseguido afastar um pensamento recorrente sobre o qual já havíamos falado, de que toda a culpa e todas as mentiras dela sobre a bebida talvez fossem desnecessárias, talvez fossem resultado de termos "definido" o fato de ela beber como um problema.

"Acho que a maneira como ela bebe é definitivamente um problema. Nunca vi um alcoólatra de verdade que conseguisse beber com moderação."

Talvez dependesse da situação, sugeri. Talvez a situação dela mudasse e ela parasse de beber, caso ninguém a tivesse rotulado como alcoólatra. Quem define o que é um "alcoólatra de verdade"?

"Bem, a definição da American Medical Association provavelmente incluiria 50% dos Estados Unidos e 100%

da França. Mas, em geral, definimos o consumo de bebidas alcoólicas que configura alcoolismo como aquele destinado exclusivamente a sedar, aliviar a ansiedade, combater a depressão, dormir. Há duas categoria mais comuns. Uma é a da pessoa que começa a beber de manhã para aliviar a ansiedade — nunca fica bêbada, mas mantém o álcool sempre à mão. A outra é a da pessoa que bebe compulsivamente."

Eu disse que me perguntava se o modo como ela bebia não era parecido com o meu quando eu tinha vinte e poucos anos, antes de me casar e ter uma filha. Eu bebia no almoço, ia a coquetéis e bebia, continuava bebendo durante e após o jantar — quando havia jantar. Então minha vida mudou e passei a beber menos.

"Mas isso foi em uma época e em uma cultura em que todo mundo bebia dessa forma. Você não bebia mais do que a maioria das pessoas. Eu lembro que, quando era um jovem oficial da Marinha, se você fosse chegar mais tarde a uma festa, tinha que tomar dois ou três drinques no caminho para ficar no mesmo nível que os outros. Essa época já passou. Não é assim que ela está bebendo."

10 de maio de 2000

Eu disse que não tinha conseguido engolir o Welbutrin, que, em vez disso, estava tomando Zoloft e que havia notado uma melhora na concentração e na sensação de bem-estar.

"Você já parou para pensar sobre essa dificuldade de engolir comprimidos?", perguntou ele.

Na verdade, não, respondi. Meu pai também não conseguia engolir comprimidos. Eu tinha lido que cerca de um terço das pessoas não consegue.

"Isso é verdade", concordou ele, "mas não é algo inevitável, não é como um resfriado, há uma razão por trás disso. Você teve que tomar comprimidos quando era pequena?"

Eu respondi que não me lembrava. *Na verdade, pensando melhor, eu me lembrava, sim. Quando me davam aspirina para baixar a febre, meu pai me dizia para não tentar engolir, mas mastigar, porque era mais fácil.*

"Isso se tornou um problema?", perguntou ele.

Não, respondi. Nada comparado com comer. Comer era um problema entre mim e minha mãe. Eu não podia me levantar da mesa até ter limpado o prato. Isso fazia com que eu ficasse longos períodos sentada à mesa. *Pensando bem, minha alimentação também se tornou uma questão entre meus pais. "Se ela não quiser comer, não force", dizia meu pai. "Ela não é uma lata de lixo." Essas discussões podiam se tornar bastante acaloradas.*

"Algumas mães são tão controladoras em relação a isso que chegam a servir à criança, na refeição seguinte, o que ela deixou no prato."

Eu disse que, de fato, minha mãe fazia isso, mas eu não a considerava "controladora".

"Por que não?"

Eu respondi que ela era o oposto da personalidade convencional que vem à mente quando se pensa em alguém "controlador". Ela não era nem um pouco compulsiva em relação à casa ou à própria aparência. Nem sequer arrumava as camas. Às vezes, quando era pequena, eu mesma limpava a casa porque não aguentava mais a bagunça. Ela sempre dizia: não se preocupe com isso, a vida é muito curta, vamos fazer alguma coisa divertida, vamos fazer um piquenique. Eu me lembro de morrer de vergonha ao ver uma foto tirada em um desses piqueniques, porque ela não havia se preocupado em trançar meu cabelo naquela manhã — estava do mesmo jeito de quando eu havia ido dormir. Mais tarde, na infância, quando comecei a costurar, ela dizia que eu era perfeccionista demais, muito obcecada em fazer tudo certo. Em vários contextos parecidos, ela dizia que eu estava perdendo tempo. Sempre teve — e ainda tem — a tendência de achar que eu me esforçava demais em coisas que não tinham importância.

"Você não via isso como um comportamento controlador? Não interpretava a reação dela como uma desaprovação dos seus esforços, como uma insistência para que fizesse as coisas do jeito dela?"

Respondi que talvez, mas que era uma forma oculta de "controle". Contei que, na adolescência, eu a achava desconfiada e excessivamente crítica — em relação às minhas amizades, à maneira como eu me vestia etc. Na verdade, ela ainda era assim, mas eu não notava mais. Quintana tinha notado isso quando fomos à Califórnia e comentara comigo. Ela tinha dito que achava que eu provavelmente não contava certas coisas à minha mãe. Eu respondera que contava tudo, até certo ponto. "Até você começar a ser independente", tinha dito Quintana.

"Vamos voltar à questão da alimentação. Ela se preocupava com a sua saúde?"

Respondi que achava que sim. Eu estava sempre abaixo do peso. No início da Segunda Guerra Mundial, parei de crescer por dois anos.

"Você foi ao médico? Houve um diagnóstico?"

Eu disse que meu pediatra havia diagnosticado um "déficit de crescimento", disse que eu estava triste, que sentia falta do meu pai e que, se minha mãe quisesse que eu comesse, deveríamos nos juntar a ele.

"Em outras palavras, você teve um episódio de depressão infantil."

Respondi que, se crianças de fato tinham episódios de depressão, talvez fosse o caso.

"Ah, com certeza têm. É bastante comum entre crianças que se sentem incapazes de agradar pais críticos ou controladores."

Eu disse que não sabia exatamente onde terminava o instinto de proteger e onde começava o impulso de controlar. Que, para os pais, pareciam a mesma coisa.

"Provavelmente, é assim que começa, sim. Você tem uma criatura completamente indefesa para proteger. A situação ideal é quando a mãe percebe na criança a capacidade crescente — e acredite, é um crescimento muito rápido — de tomar as próprias decisões. Pais que foram criados em famílias controladoras tendem a não perceber esses sinais ou a temê-los. Assim, acabam estendendo a proteção além do necessário."

Falei que reconhecíamos que tínhamos a tendência de superproteger Quintana.

"A ponto de ela interpretar isso como controle", disse ele.

Eu disse que tinha muita dificuldade de separar as coisas. Porque, claramente, ela ainda precisava de proteção.

"Você não pode mais protegê-la. É impossível, está além da sua capacidade. Você não consegue fazer isso, ela não precisa disso. O que ela precisa é da sua confiança, que você acredite que ela é capaz de tomar as decisões certas para si mesma. É diferente."

Contei a ele sobre o sonho que tive esta semana em que Quintana e eu dividíamos um quarto e, toda vez que eu acordava durante a noite, ela não estava na cama, mas sentada perto da janela, ficando cada vez mais bêbada. E não havia nada que eu pudesse fazer. Ela não me via lá, observando.

"É a coisa mais difícil do mundo, para pais amorosos, renunciar à ideia de que podem proteger os próprios filhos. Acho que você precisa passar mais tempo sozinha com ela. Você e seu marido, separadamente, embora a relação entre mãe e filha pareça ser a que mais perturba Quintana. Essa foi uma percepção muito perspicaz que ela teve em relação a você e à sua mãe. Nisso, ela está muito avançada. É sobre essas coisas que vocês duas precisam conversar."

17 de maio de 2000

Eu disse que havia parado de tomar o Zoloft na sexta-feira, dia 12 de maio, porque tinha me sentido tonta depois de tomá-lo na quinta e ainda me sentia assim na sexta de manhã. Depois de não tomar na sexta, a sensação passou por volta do meio-dia, mas senti falta do remédio, porque durante a semana em que o tomei, ele de fato havia melhorado a minha concentração e o meu bem-estar. Desde que parei, voltei a me sentir deprimida, apreensiva e ansiosa.

Ele sugeriu que eu voltasse a tomar, mas reduzindo a dose pela metade. Ou um quarto de comprimido por dia ou meio comprimido dia sim, dia não. Disse que, desde o início, eu estava tomando uma dose subclínica, mas que mesmo assim tinha sido alta demais para mim.

Comentei que tinha lido no jornal hoje de manhã sobre um novo medicamento para o alcoolismo, ainda não aprovado nos Estados Unidos, mas em fase de testes. Os testes vinham mostrando o que era descrito como resultados muito bons em pacientes que realmente queriam parar de beber.

Ele disse que tinha ouvido falar sobre isso no rádio pela manhã. O principal ponto enfatizado era que os bons resultados tinham sido obtidos com pessoas que queriam parar de beber.

Eu disse que não achava que Quintana realmente quisesse parar. Que ela queria se livrar das consequências negativas, mas ainda não tinha chegado ao ponto de não querer mais beber.

"Parece que não", concordou ele. "Não há dúvida de que ela está bebendo. O dr. Kass sabe disso. O objetivo agora é trabalhar com ela para identificar os momentos em que é impossível e aqueles em que é relativamente fácil, ou pelo menos possível, não beber. E fazer ela refletir a respeito do que caracteriza esses momentos. No que eles se diferenciam."

Contei que jantamos com ela no domingo à noite e que ela mencionou ter conversado sobre algo parecido com o dr. Kass. Que ele aparentemente perguntou quando ela sentia vontade de beber e que ela respondeu que queria beber o tempo todo, toda noite. Comentei que você e eu tínhamos reagido de forma diferente. Você se concentrou no fato de ela estar mais aberta do que parecia nas últimas vezes em que a vimos. Eu, por outro lado — e foi isso que me fez perceber que estava voltando a ficar ansiosa —, me concentrei no fato de que achava que ela estava bebendo. E que certas reações dela me pareceram iguais aos comportamentos que aprendi a reconhecer como típicos de um alcoólatra. O ressentimento em relação a Kendall por ter feito a matéria nas Antilhas Francesas, por exemplo, algo que ela mesma poderia ter feito se tivesse tomado a iniciativa — na última vez que você e eu fomos a St. Barth's, a matéria já estava planejada, mas ainda não tinha sido designada a um fotógrafo, e eu havia sugerido que ela fosse conosco ou sozinha, que visitasse outras ilhas, que nos encontrasse lá ou não, como quisesse — mas ela não havia falado com Marian* a respeito.

"Ela ainda não tomou uma decisão quanto a mudar de profissão?"

Ela não mencionou mais nada, respondi. E nós também não tocamos no assunto.

"Ótimo", disse ele. "É óbvio que, se ela voltar a falar sobre isso, vocês devem conversar. Mas a iniciativa tem que partir dela."

Eu contei que estava lendo um livro sobre o movimento Rational Recovery [Recuperação Racional, em tradução livre]. Muitas coisas nele pareciam me lembrar a situação de Quintana e sua resistência ao AA, basicamente a rejeição do modelo médico do alcoolismo. Uma das coisas que ela sempre repetia, nos momentos mais difíceis, era: por que eu tenho que ficar doente pelo resto da vida? E sempre que ela dizia isso, eu respondia: você não precisa, não está doente agora, e não precisa ficar doente pelo resto da vida. E ela insistia: eu estou doente, sou alcoólatra, sempre serei, eu sou doente. Quando comecei a ler a literatura do AA, percebi que essa era a mensagem que ela estava recebendo. E que isso a perturbava profundamente.

"Eu sei, eu sei", disse o dr. MacKinnon. "Uma vez, tive um paciente que conseguiu parar de beber, frequentava o AA, estava sóbrio havia dez anos e, mesmo assim,

* Marian McEvoy era a editora da *Elle Decor*. Ela contratou Quintana para trabalhar na revista e incentivou seu trabalho como fotógrafa.

continuava referindo a si mesmo como um 'alcoólatra em recuperação'. Um dia, não consegui resistir e perguntei a ele 'quando, se não agora, você acha que vai estar *recuperado*?' 'Nunca', respondeu ele. 'Alcoólatras nunca se recuperam.' Depois de muito trabalho, finalmente consegui fazer com que ele passasse a se ver como alguém recuperado, não doente, alguém que tinha superado aquilo, mas entendo a dificuldade que ela tem em relação a isso."

Eu contei que, algum tempo atrás, tinha mencionado a Quintana que havia encomendado o livro do Rational Recovery. Ela tinha ouvido falar do movimento e demonstrou interesse em lê-lo quando chegasse. Mas depois que o li — apesar de falar diretamente sobre grande parte da resistência dela —, acabei não dando o livro a ela nem o mencionei mais, porque a abordagem era muito hostil ao AA — basicamente sugeria que o AA fazia uma lavagem cerebral — e eu ainda tinha esperança de que ela conseguisse encontrar um caminho por meio do AA. No entanto, eu achava que o modelo médico do AA para o alcoolismo era um grande erro, pois fornecia uma desculpa para a recaída, ao insistir que a "doença" era maior do que a pessoa, que estava fora do seu controle.

"O modelo médico não é desprovido de valor. Ele começou, é claro, apenas como uma tentativa de desestigmatizar o alcoolismo. Você não é um bêbado inútil na sarjeta, você tem uma doença como qualquer outra, não é culpa sua. Mais recentemente, no entanto, surgiram evidências de que pode haver um componente genético para o alcoolismo. Irmãos que são adotados e crescem em circunstâncias comprovadamente diferentes tendem a compartilhar doenças geneticamente determinadas e o alcoolismo. Mas é possível controlar a maioria dessas predisposições genéticas. O comportamento pode ser modificado. O diabetes é genético, mas se você mantiver o peso sob controle e cuidar da alimentação, pode não desenvolver a doença. Se você tem a enzima que predispõe o portador ao câncer de pulmão, não fume. Se tem uma predisposição genética ao alcoolismo, não beba. O que ela precisa fazer é identificar o padrão por trás da necessidade de beber e tentar eliminar ou superar as circunstâncias que desencadeiam essa necessidade."

Eu contei que, antes do casamento de Lori, minha mãe tinha me falado que estava preocupada que uma ocasião tão festiva fosse ser muito difícil para Quintana. O que me pareceu um não entendimento enorme dos motivos pelos quais Quintana bebia. Ela não bebia para se divertir.

Não, claro que não, concordou ele.

No entanto, depois que mencionei esse comentário a Quintana, ela disse que, na verdade, o casamento tinha sido muito difícil para ela — que tinha sentido uma enorme vontade de beber — havia até mesmo planejado o que pedir — um rum com Coca-Cola que todos pensariam ser apenas Coca-Cola. A única coisa que a impediu de ceder a esse desejo foi o fato de que, toda vez que estava prestes a ir ao bar, seu primo Stephen já estava lá.

"Eventos sociais são momentos estressantes para a maioria das pessoas. Temos tanta dificuldade de nos comunicar que acabamos precisando de álcool para enfrentá-los. Mesmo agora, quando a maioria dos meus contemporâneos tem problemas de saúde que os impedem de beber, eu os vejo em coquetéis segurando copos de água com gás Perrier como se isso fosse ajudar. Coquetéis são ocasiões muito desgastantes, de fato."

Eu disse que uma das belezas da vida na Califórnia era que lá não havia coquetéis. As distâncias eram grandes demais, e o estilo de vida tão suíço, que você ia jantar na casa de alguém às sete e meia, saía às dez e meia, ia para a cama e se levantava cedo.

"Que maravilha", disse ele.

Eu contei que — como havia deixado a Califórnia quando ainda era adolescente — Quintana nunca entrou nesse ritmo. No domingo à noite, ela havia reclamado de um amigo que sempre ligava para ela assim que chegava à cidade, depois de um voo noturno, e a principal objeção parecia ser o fato de que ele a acordava, embora depois ela tivesse acrescentado que ele não fazia bem a ela, que usava drogas etc. Isso me preocupou um pouco — porque me pareceu um exemplo do hábito que ela tem de se afastar das pessoas que se importam com ela — e tinha me ocorrido sugerir que talvez ele não estivesse ligando por egoísmo ou falta de consideração, mas justamente porque se importava e queria manter contato.

"O que você esperava conseguir ao sugerir isso?"

Eu respondi que não sabia, e que tinha sido por isso que acabei não dizendo nada, mas, em geral, eu tinha esperança de fazê-la entender que ela não era necessariamente o alvo, que outras pessoas que ela via como insistentes talvez tivessem as próprias preocupações.

"Os alcoólatras com frequência apresentam padrões de pensamento paranoide. Como você pode imaginar, tenho bastante experiência com paranoia clínica — e, acredite, pessoas comuns que apresentam apenas padrões leves desse tipo de pensamento reagem da mesma forma. Elas voltam a paranoia contra qualquer um que ouse sugerir que elas não são o alvo. Você está insultando a percepção delas. É como se dissesse que o processo cognitivo delas é defeituoso. O máximo que eu já consegui dizer foi algo como: 'Já considerou uma interpretação alternativa?'. O pensamento paranoide assume muitas formas. A timidez é uma forma de paranoia. Você parte do princípio de que é o centro das atenções."

Eu disse que costumava ser extremamente tímida. Mas, de fato, certa vez alguém me fez perceber como era tolo supor que todos iam reparar em mim — e isso me ajudou, foi libertador. Aconteceu no início da adolescência. Jennie Clifton e eu estávamos arrumadas — meia-calça, salto alto — para jantar com a mãe dela em São Francisco. No carro, percebi que minha meia-calça estava desfiada e fiquei arrasada. A mãe de Jennie zombou de mim, e foi ótimo.

"Acontece, se você acertar o tom e for o momento certo, mas isso é difícil de fazer."

“Na semana passada”, contei, “estávamos falando sobre William Styron e você o descreveu como uma pessoa muito raivosa. Você disse que a maioria dos depressivos eram pessoas muito gentis — porque direcionavam a raiva contra si mesmos —, mas que alcoólatras depressivos tendiam a direcionar a raiva para outras pessoas. E eu comentei que via isso em Quintana — havia muita raiva mal direcionada contra colegas de trabalho, pessoas na rua etc. Então acrescentei: ‘Não sei o que quero dizer com mal direcionada, não sei para onde acho que essa raiva deveria ser direcionada’. Em seguida, você pareceu mudar de assunto, passou a falar sobre minha relação com meus pais. Mais tarde, me perguntei: será que você estava sugerindo que, quando Quintana expressa essa raiva injustificada, ela a está desviando das pessoas das quais realmente está com raiva? Ou seja, John e eu?”

“Sim”, respondeu ele. “Filhos sentem raiva dos pais. Se não amadurecem, continuam sentindo. Mas não podem se permitir expressar isso. Porque precisam do amor dos pais e não se sentem seguros de que não perderiam esse amor.”

Contei a ele que Peggy Traylor me ligou e contou como Quintana ficou abalada quando Susan disse “eu odeio você” para Peggy durante o jantar. Peggy conversou com Quintana e a assegurou de que estava tudo bem, mas ela não se acalmava. Peggy disse que eu tinha que explicar a Quintana que não havia problema em dizer “eu odeio você”. Entendi o ponto dela e concordei, em teoria. Mas eu nunca disse isso a Quintana.

"Por que não?"

"Eu não sei."

"Eu poderia dar a explicação genérica — que você nunca pôde dizer isso aos seus próprios pais —, mas seria mais útil se você mesma refletisse sobre isso."

Respondi que provavelmente tinha mais a ver com você. Que se eu dissesse a Quintana que não havia problema em expressar raiva, e ela o fizesse, eu ficaria deprimida e me fecharia, mas você expressaria raiva de volta e a coisa toda tomaria outra proporção, sairia do controle. Falei que nem você nem eu crescemos em famílias em que expressar raiva era considerado um comportamento aceitável.

"Tudo o que sei sobre John foi você que me contou, mas tenho certeza de que não cresceram, mesmo."

Eu disse que, na verdade, uma vez escrevi — dentro de uma caixa de cartas — "eu odeio o papai". Foi no dia em que ele voltou para casa de Detroit, depois da guerra. Ele trouxe presentes. O dia todo foi muito tenso. Eu tinha ficado emocionada com o presente que ele me deu, porque era algo para adultos. Depois almoçamos. Havia uma jarra de prata com chá gelado. Eu estava me servindo quando minha mão escorregou por causa da condensação e a jarra caiu sobre a mesa. Meu pai, que era muito assustadiço, reagiu com irritação. Eu corri para o meu quarto e tranquei a porta. Depois de um tempo, ele bateu, mas eu não respondi. E foi aí que escrevi na parte interna da caixa. Com tanta força — usando um lápis macio — que nunca consegui apagar. E, no fim das contas, cobri tudo com etiquetas de endereço.

"Você ainda se sente culpada por isso, não é?"

Eu respondi que sim. Anos depois, queimei a caixa.

"Quando eu estava na faculdade de Medicina, metade da turma era como eu, entrando cedo para se formar cedo, de forma que tivéssemos médicos caso a guerra durasse mais dez anos. A outra metade era de veteranos que estavam voltando. Eles eram mais velhos, muitos tinham família e praticamente todos relataram já ter passado por uma situação em que um filho furioso disse: 'Por que você não volta para a guerra?'."

24 de maio de 2000

Comentei sobre o contraste entre dois mundos na revista *Fortune*. O jovem de vinte e um anos, recém-formado em Stanford, que havia recusado cinco empregos "mais desejáveis" para fazer um estágio na Hewlett Packard ganhando setenta e cinco mil dólares por ano, *versus* Robert Bingham, que morreu recentemente, não se sabe se por suicídio ou overdose, e cujo primeiro livro recebeu, na mesma página da *Fortune*, uma crítica póstuma negativa.

Ele perguntou se eu tinha o costume de ler histórias sobre suicídio.

Respondi que não, pelo menos não de forma intencional.

"Eu evitaria", disse ele. "Você vai acabar remoendo isso." Ele pareceu refletir. "Muitos filhos fazem escolhas perigosas", continuou. "Tenho uma paciente cujo filho quer fazer documentários. Então, ela deu a ele equipamentos caríssimos. E a primeira coisa que escolheu documentar foi uma negociação de tráfico de drogas. O que poderia tê-lo exposto a um perigo real."

Eu disse que muitas vezes me perguntava — quando olhava para trás e relembrava as coisas perigosas que eu mesma havia feito — como uma criança consegue chegar à idade adulta.

"Eu me pergunto a mesma coisa. Fiz coisas perigosas."

"E não apenas em busca de um suposto prazer", acrescentei. "Não estou falando só de coisas como dirigir bêbada até o lago Tahoe tarde da noite. Estou falando de coisas que fiz em busca de experiência ou conhecimento." Contei a ele sobre a vez em que, ainda criança, entrara no mar em Stinson Beach à noite. Tinha planejado tudo: disse à minha mãe que ia levar Jimmy para o show de dança folclórica de sexta-feira à noite na estação de ônibus da Greyhound, depois deixei Jimmy na estação e fui para a praia com um caderno — só para saber como descreveria a experiência para uma história que eu estava escrevendo sobre um suicídio no mar. E fui derrubada por uma onda que não consegui ver. "Eu não estava tentando me matar", expliquei. "Só estava tentando aprender alguma coisa."

"Entendo", disse ele.

Contei também sobre os dois sonhos perturbadores que tive com Quintana. No primeiro, ela tinha onze ou doze anos. Você e eu estávamos imersos em algum dilema nosso e a ouvimos abrir uma grande caixa que havia chegado, mas não fomos conferir de imediato. Quando entrei no quarto dela, vi o conteúdo da caixa cuidadosamente disposto: dezoito uniformes escolares, nove suéteres verdes e nove suéteres amarelos. No sonho, fiquei angustiada, me senti culpada por não ter cuidado eu mesma da questão dos uniformes. Então acordei e pensei comigo mesma que, na verdade, eu *havia* resolvido a questão do uniforme — sempre. Mais calma, voltei a dormir — apenas para mergulhar em outro sonho igualmente perturbador. Dessa vez, eu estava mostrando a Quintana, agora já com mais de vinte anos, o campus de Berkeley. Eu era claramente a responsável, a guia, até que reparei, no quadro de uma sala de aula, que ela seria a palestrante convidada do dia. A aula era sobre a política externa americana desde 1945. Fui tomada pelo pânico — Quintana não sabe nada sobre política externa americana, pensei, sobre o que raios ela vai falar? Fui atrás de você — você estava em outra parte do campus — e voltamos juntos para a sala. Então eu acordei. Mais uma vez, me senti angustiada, culpada, mas dessa vez eu estava desperta. O que fez eu me sentir culpada foi o fato de ter subestimado Quintana instintivamente — talvez ela soubesse coisas que eu ignorava que ela sabia, talvez tivesse amadurecido. Não conseguia me livrar dessa sensação, embora, na prática, saiba que ela de fato não tenha qualquer conhecimento sobre a política externa americana.

"Você sabe que os dois foram o mesmo sonho", disse ele. "Ambos expressam a culpa que você sente por ter — em sua concepção — falhado como mãe. Acontece que você está sofrendo de depressão. Não é uma depressão psicótica, porque a culpa não é totalmente irracional. Você não está me dizendo que se sente culpada por coisas com as quais não teve nada a ver, não está me dizendo que causou o Holocausto, que é o tipo de pensamento que uma pessoa com depressão psicótica poderia ter. Sua culpa está conectada à realidade. Tem algo de errado na vida de Quintana. Isso é real, não é uma fantasia. Sua depressão, no entanto, impede que você enxergue esse fato como algo separado de si mesma. Você não tem uma visão realista do seu papel nessa situação. Pessoas depressivas tendem a acreditar que causaram o problema, e também acreditam no corolário — se causaram o problema, então deveriam conseguir resolvê-lo. Claro, você pode ter cometido erros como mãe. Todo pai erra com os filhos, e os filhos — a maioria deles — sobrevive. O que Quintana está enfrentando é algo que não foi causado por você. E que você não pode consertar. Tudo que pode esperar — tudo para o que estamos trabalhando aqui — é que vocês duas desenvolvam uma relação mais próxima, na esperança de que isso alivie a pressão interna que ela sente e que a faz querer beber ou fugir."

Eu contei que havia me sentido impotente em relação a Quintana durante o casamento no sábado. Tudo tinha contribuído — o clima, o trânsito, o trajeto interminável de ida e volta, os hinos lúgubres, a formalidade melancólica da ocasião — para me deixar deprimida, e como eu mesma estava precisando muito de uma bebida quando chegamos à recepção, tive uma percepção ainda mais forte do que Quintana devia estar sentindo.

"Você encontrou uma maneira de lhe dizer isso? De fazê-la entender que você precisava ficar, mas que ela poderia cumprimentar todo mundo e ir embora discretamente?"

Não, respondi.

"Por que não?"

Em primeiro lugar, expliquei, ela não poderia ir embora discretamente, porque era um jantar com lugar marcado, e a mãe da noiva havia ligado naquela manhã para confirmar que Quintana iria.

"Mas não ocorreu demonstrar que você compreendia qualquer desconforto que ela estivesse sentindo?"

Respondi que nunca faria isso. Não queria que ela concluísse que eu achava que estava se comportando mal de alguma forma.

"Há maneiras e maneiras de dizer as coisas."

Respondi que ele sabia quais eram. Tinha sido treinado para isso. Era o trabalho dele. Eu, por outro lado, tinha dificuldade de me comunicar e, quando tentava, errava o tom.

"Isso parece a sua culpa falando de novo. Qual era o sentimento de Quintana em relação a esse evento, para começar? Ela queria ou não queria ir?"

Expliquei a sequência de acontecimentos, o mal-entendido do convite. Que quando Lynn ligou para você e você ligou para Quintana, sua impressão tinha sido de que ela ficara magoada por achar que não tinha sido convidada e depois aliviada por ter sido.

"Você conversou com ela sobre isso? Ofereceu uma saída caso ela realmente não quisesse ir?"

Não, respondi. Considerando o que ela havia expressado sobre nossa presença excessiva, vínhamos tentando não fazer a mesma pergunta separadamente nem fazer ligações repetitivas.

"Eu acho necessário que vocês perguntem coisas a ela separadamente", disse ele. "Que você tenha uma relação com ela e John tenha outra. Separadamente. Além da relação que já têm com ela juntos, que é diferente e muito valiosa para ela. Mas ela precisa das relações separadas. Filhos sempre veem um dos pais como o mais forte, aquele a quem não podem ou preferem não dizer não. Em geral, as filhas consideram o pai o mais forte. Nesse caso, não é um segredo de família que Quintana considera John o mais forte. Ela fala sobre isso com o dr. Kass. O que torna ainda mais importante que ela possa expressar quaisquer preocupações ou dúvidas que tenha para você. Porque ela pode não querer que John saiba dessas preocupações ou dúvidas. Esse é um tipo muito comum de dinâmica familiar, mas, nesse caso, há dois agravantes: primeiro, a situação dela e, segundo, o seu medo real de se comunicar. No início, você era extremamente resistente a se comunicar comigo. Já se tornou muito mais aberta, embora não por completo. Se pudesse levar essa abertura para a sua relação com Quintana, acho que ela responderia da mesma forma."

31 de maio de 2000

Lembrei ao dr. MacKinnon que eu precisaria mudar o horário da consulta no dia da reunião anual e contei que havia reduzido o Zoloft para um quarto de comprimido em dias alternados.

"Desde que esteja funcionando", disse ele.

Eu respondi que não sabia se estava funcionando esta semana, já que Quintana havia sido internada no Presbyterian para desintoxicação mais uma vez. Contei que, na semana passada, havíamos ficado encorajados, até eufóricos, com alguns acontecimentos: expliquei a conversa dela com e sobre Griffin,* e também o relato de Griffin de que ela havia de fato entrado em contato com Robert Fox. Esses sinais pareceram tão promissores que tanto você quanto eu acabamos deixando de lado, e não mencionado um ao outro, certos sinais de alerta no domingo: um indício de que ela havia bebido, que mais tarde reconhecemos ter percebido durante um telefonema, o fato de ela ter chegado atrasada à casa de Earl naquela noite. Depois, a ligação na segunda-feira à tarde. A ida ao apartamento dela. A oscilação extrema de humor. A hostilidade, às vezes voltada contra nós, mas de maneira mais intensa contra o dr. Kass.

"Por que ela está expressando hostilidade em relação ao dr. Kass?"

* O ator, diretor e produtor Griffin Dunne é filho do irmão de John, Dominick.

Eu respondi que imaginava se tratar de uma hostilidade deslocada. Que ela, no fundo, estava com raiva de outra pessoa, de outra coisa.

"Ela está com raiva de si mesma. Então, projeta essa raiva em todos que estão próximos. Mas como exatamente ela demonstra insatisfação com o dr. Kass?"

Respondi que ela reclamava que ele não a escutava, não se interessava, não se importava etc. Perguntei a ela se havia conversado sobre isso com ele. Ela disse que sim — embora eu duvidasse — e que ele tinha respondido: "Tudo o que eu digo ou faço tem um propósito terapêutico". Acrescentei que, na segunda-feira, havia uma irracionalidade acentuada nas reclamações dela — expliquei sobre a decisão de mantê-la conosco naquela noite, em vez de interná-la na unidade psiquiátrica — ela havia participado ativamente dessa decisão, tanto o dr. Kass quanto eu havíamos explicado a escolha a ela, que tomou a decisão conosco — mas, durante toda a noite, ela havia reclamado de ele não tê-la internado imediatamente — dizia que poderia morrer naquela noite e ninguém se importava — especificamente o dr. Kass, mas nos deixara implícitos.

"Mas vocês estavam cuidando dela. Estavam fazendo exatamente o que precisava ser feito. Tomaram a decisão certa ao não a internar, mesmo que não tenham dormido muito naquela noite."

Eu contei que ela havia se acalmado bastante quando o dr. Kass disse que podíamos dar a ela vinte miligramas de Librium. Depois que ela tomou o remédio, a situação ficou relativamente tranquila e ela até começou a procurar uma reunião do AA. Você a levou à 73rd Street e depois à 79th Street em busca de uma, e descobriram que a próxima seria às dez da noite. Então, nós jantamos e eu fui à reunião com ela. Comentei que, como ele poderia imaginar, uma reunião às dez horas na última noite de um feriado prolongado atraía alguns casos extremos, e ela pareceu comovida tanto com os relatos quanto com a forma como foi acolhida. Contei que ela havia começado a chorar em silêncio durante a reunião.

"O que você fez quando percebeu que ela estava chorando?"

Eu respondi que coloquei o braço em volta dela.

"Devo dizer que acho tudo isso muito encorajador. Ela procurou vocês dois, vocês responderam, a ajudaram a passar pela situação, mostraram que ela não estava sozinha."

Falei que claramente ainda havia uma boa quantidade de álcool na corrente sanguínea dela. Quando estávamos a caminho da reunião do AA, por exemplo, ela já havia esquecido que ia para o hospital pela manhã e, quando a lembrei, praticamente nos acusou, a mim e ao dr. Kass, de termos tramado tudo pelas costas dela. Ela estava extremamente instável. Foi agressiva com você, interpretou como uma crítica algo que você tinha dito sem qualquer intenção de repreender. Você perguntou se ela preferia que você saísse do quarto. Ela respondeu, ríspida: "Sim, vá embora". Então, minutos depois: "Cadê o papai, é claro que ele não está aqui, ele não aguenta".

"Um beco sem saída", comentou o dr. MacKinnon.

Eu respondi que foi exatamente o que disse a ela. Fiz piada com isso, disse que não dá pra ter as duas coisas, não dá para mandar alguém embora e depois reclamar que a pessoa não está mais lá, eu já li todos os livros, sei o que é isso, é o tipo de jogo de codependência do qual não quero mais participar, não conte comigo, não vou jogar. E — de tão instável que estava — ela riu.

"Você lidou muito bem com tudo isso. De verdade. Mais do que bem. Você disse exatamente o que ela precisava ouvir."

Contei que houve um assunto naquela noite em que Quintana estava completamente lúcida e direta. Tinha a ver com o trabalho, com a fotografia. Ela disse que não suportava ver as fotos, era muito doloroso, porque quando olhava para elas, percebia que eram muito, muito boas. Eu perguntei por que era doloroso e, como ela parecia não ter uma resposta clara, sugeri que era natural que fosse doloroso, e que a dor provavelmente vinha do medo de nunca encontrar a força ou a coragem de expor o trabalho, de permitir que ele fosse apreciado. Ela concordou. Comentei, então, que tive uma compreensão muito clara de que era muito mais fácil para ela beber do que encarar o próprio trabalho. E estava convencida de que grande parte da crise atual vinha do que poderia ser chamado de uma crise profissional.

"Sem dúvida", disse ele. "Ela bebe para se anestesiar, para afastar os medos em relação ao futuro. Tenho a impressão de que seria crucial para ela obter algum reconhecimento artístico. Ela precisa trabalhar e ver esse trabalho sendo valorizado."

Eu contei que, anteriormente, ela havia mencionado algo que Robert Fox tinha dito: que o alcoólatra sente um vazio interior, um buraco. No começo, a bebida dá a impressão de preencher esse vazio — e é isso que a torna irresistível — e, quando você para de beber, tem que encontrar outra forma de preenchê-lo. O AA cumpre essa função. Esse é o propósito do AA, ele tinha dito a ela, e isso pareceu mexer muito com ela. Nesse ponto, expliquei a ela que mesmo pessoas que não são alcoólatras sentem esse vazio interior — qualquer pessoa com a menor tendência à depressão sente —, eu sinto. Eu o preenchia com o trabalho. Lembrei a ela que você e eu sempre trabalhávamos nos finais de semana. Disse que nem sempre foi assim. Mas, em algum momento, descobrimos que trabalhar durante o fim de semana aliviava o que chamávamos de "angústia de domingo". Eu lhe disse que chegaria um momento — assim eu esperava — em que ela encontraria o mesmo consolo no trabalho.

"Quando eu era estudante de Medicina, o diretor do meu departamento dizia que o trabalho era o antidepressivo mais eficaz que existia", comentou ele. "É por isso que a expressão 'viciado em trabalho' realmente faz sentido."

Eu respondi que o fato de você e eu dependermos tanto da nossa capacidade de trabalhar foi parte do que tornou o ano passado tão difícil. Essa crise atual, em particular, pareceu mais pesada.

"Isso é muito interessante, considerando tudo o que você acabou de me dizer. Você faz alguma ideia de por que essa crise pareceu mais difícil?"

Respondi que achava que tinha a ver com o desgaste, com a exaustão, com o fato de não conseguirmos enxergar muita esperança imediata nessa situação, depois de já termos enfrentado exatamente a mesma coisa tantas vezes.

"Essa poderia ser uma explicação, mas me ocorre outra. Eu observei você durante vários desses episódios — não todos, mas você descreveu muitos dos que ocorreram antes da nossa primeira consulta. Eu sugeriria que esse talvez esteja sendo o mais difícil para você, porque se permitiu ficar mais próxima dele. Mais próxima dela. Intelectualizar menos, participar de fato do sofrimento dela."

"Você quer dizer: em vez de tentar controlar a situação, superar o problema, ver o lado positivo e seguir em frente, sempre em frente?"

"É exatamente isso que quero dizer. Acho que, até agora, você se mantinha distante emocionalmente. Não me entenda mal — não estou sugerindo que você não a ama. Estou sugerindo que, justamente por amá-la tanto, assumiu para si o papel de consertar as coisas, de resolver tudo. Dessa vez, não está fazendo isso. Você não tem mais respostas. Está apenas sentindo com ela, deixando que ela se apoie em você. É disso que ela precisa. E agora você consegue dar isso a ela, porque, na verdade, se tornou uma pessoa muito mais forte."

Falei que achava que a ideia era que ela não se apoiasse em nós, que parte da raiva dela vinha justamente de ela ser tão dependente de nós.

"Ela é, sem dúvida. E vai ter que superar isso, senão por outro motivo, que seja pelo óbvio: a menos que ela se mate primeiro, você e John vão morrer antes dela. Mas ela precisa saber que vocês entendem o lado dela — sem tentarem controlá-la — para se libertar dessa dependência. No momento, o que ela mais precisa é da presença de vocês, empática e sem julgamentos. Que foi o que vocês dois deram a ela nessa crise mais recente. É uma coisa muito desgastante de se oferecer. Eu sei bem. Fazendo o que faço, lidando a semana inteira com pacientes que dependem de mim, quando chega o fim de semana, não quero pensar em nada. Não quero assistir a um filme de gritos e sussurros. E, quando converso com colegas que fazem isso, não consigo deixar de me perguntar se estão realmente escutando os pacientes durante a semana."

Eu disse que tinha pensado que talvez fosse uma boa ideia — quando Quintana saísse do hospital — propor que nós duas começássemos a ir juntas a uma reunião de AA para iniciantes, de preferência em um horário que nos permitisse almoçar depois.

"Essa seria a melhor coisa que você poderia fazer por ela."

7 de junho de 2000
JDD, JGD*

O dr. MacKinnon disse que havia se preparado para esta sessão conversando longamente com o dr. Kass. O dr. Kass agora considera que o problema central de Q deriva do fato de ela tentar, em todas as situações, agradar às outras pessoas. O dr. MacKinnon e o dr. Kass haviam discutido as dificuldades que isso representava para o tratamento — a tendência de Quintana de não expressar o que pensa, mas esperar que o dr. Kass diga alguma coisa, para então tentar agradá-lo seguindo a linha de raciocínio dele e, por fim, se ressentir por ele não ter abordado o assunto do qual ela queria falar.

Comentei que algo semelhante havia acontecido no fim de semana. Eu estava conversando com Q sobre como as pessoas lidam com o pânico, como aliviam a ansiedade. Eu, por exemplo, faço isso trabalhando. Ela respondeu que achava que, para ela, o que melhorava a ansiedade era sempre fazer a coisa certa e não deixar ninguém chateado. Suspeitei que isso apontasse um problema grave.

"É exatamente disso que o dr. Kass estava falando", observou o dr. MacKinnon. "Ela diz às pessoas o que acha que querem ouvir e depois fica ressentida com elas."

JGD comentou que, na semana passada, quando ela nos ligou, ele tinha tentado obter algumas informações básicas

* John Gregory Dunne (JGD) se juntou a Didion (JDD) nessa sessão.

— nosso instinto, afinal, é jornalístico —, há quanto tempo ela estava bebendo, se estava frequentando as reuniões do AA. E que ela tinha respondido "não me critique", então ele desistiu.

"Ela vai interpretar qualquer pergunta como uma crítica", disse o dr. MacKinnon. "Vai interpretar como um interrogatório, uma acusação. Essa era a primeira coisa que eu tinha que ensinar aos médicos recém-formados. Tudo na formação médica os treinava para fazer perguntas, coletar dados. Não é possível obtê-los fazendo perguntas quando a pessoa está passando por esse tipo de sofrimento. Na maioria das vezes, a pessoa não consegue nem mesmo encarar a resposta para o que você está perguntando, por mais elementar que a pergunta pareça."

JGD mencionou que eu tinha ido a duas reuniões do AA com ela no domingo, e que ela havia perguntado se ele iria também. Ele respondeu que não. Mais tarde, quando sugeriu acompanhá-la a uma reunião, ela respondeu: "Você disse que não queria ir". Mas tudo que JGD estava fazendo, explicou ele, era trabalhar com a ideia sugerida pelo dr. Kass de que ela nos via como um bloco monolítico, sempre fazendo tudo como uma unidade.

"Isso é verdade", apontou o dr. MacKinnon, "mas há exceções. É preciso interpretar os sinais. O que pode ser muito difícil, uma vez que isso está tão enraizado na personalidade dela que talvez nem ela mesma saiba o que quer de verdade. A questão sobre o que ela deseja de fato não ocorre naturalmente, porque ela está acostumada demais a tentar fazer o que acha que vocês querem. E, depois ficar ressentida por isso."

O dr. MacKinnon contou que havia perguntado ao dr. Kass se ele estava ciente de que houvera vários momentos de grande proximidade entre mãe e filha. O dr. Kass respondeu que sim. O dr. MacKinnon quis saber como Q se sentia em relação a isso. "Ela não gosta", disse o dr. Kass. "Mas ela sentiu alguma coisa?", perguntou o dr. MacKinnon. O dr. Kass não havia explorado essa questão, o que o dr. MacKinnon pareceu considerar um erro. "Porque é claro que ela não gostou", explicou ele. "Ela não quer deixar as pessoas se aproximarem, quer se isolar, fechar a porta e se medicar. Não quer sentir nada. Mas tem que sentir. Portanto, continuem. No dia em que a virem reagir às suas lágrimas com as próprias lágrimas, saberão que chegaram a algum lugar."

JGD contou que Quintana e eu havíamos jogado fora algumas garrafas que estavam no apartamento dela. Expliquei que havia perguntado a ela se havia alguma que deveríamos jogar fora, e ela havia tirado uma garrafa de vodca do congelador, depois, quando perguntei sobre uma garrafa de plástico, ela cheirou e confirmou que também era vodca. "Quem esvaziou a garrafa?", perguntou ele. Eu respondi que tinha sido eu. "Por que você não deixou que ela mesma esvaziasse?" Falei que tive medo de isso acabar sendo um gatilho, não pareceu tão relevante no momento, pois não tínhamos intenções diferentes. "Você deveria tê-la deixado esvaziar a garrafa", disse ele. "Esses pequenos gestos são importantes. Você estaria lhe dando autonomia, independência para tomar as próprias decisões." Eu disse que tinha certeza de que havia outras decisões que ela poderia tomar sozinha, porque eu não havia perguntado se havia algo no quarto dela. "Ótimo", disse ele. "E não se iluda, ela vai sair e comprar outra garrafa. Então vai ter que tomar a decisão sozinha."

O dr. MacKinnon disse que havia uma área em específico que ainda era muito confusa para Q. Tinha a ver com a relação entre nós dois — que era, em muitos aspectos, única, e que havia apresentado a ela, desde muito pequena, uma série de desafios também únicos. Casais que passam a vida inteira juntos, explicou ele, desenvolvem modos de convivência — dão espaço um ao outro, não dizem tudo o que pensam sem antes refletir, evitam se expressar de maneiras que casais que levam vidas mais separadas normalmente não fazem. "A relação de vocês continua sendo confusa para Quintana. Ela ainda não tem a menor ideia de como funciona, de fato, um relacionamento entre um homem e uma mulher. Segue tentando decifrar vocês, mas não consegue. Imagina que vocês queiram ou esperem algo dela, mas não faz ideia do que seja."

JGD levantou a questão da reunião do AA na quinta-feira à noite — tudo bem se ele fosse com ela? "Se ela quiser, sim." Eu comentei que seria difícil saber o que ela queria, já que quando perguntávamos "você quer", ela respondia "vocês não precisam ir".

"Essa seria uma ótima oportunidade para vocês abordarem essa questão de ela nunca dizer o que realmente quer. É claro que a ideia é fazer isso de uma forma que ela não interprete como uma crítica, mas de uma forma que mostre que vocês estão enfrentando isso juntos. Vocês podem dizer que agora entendem que são parte do motivo pelo qual ela se tornou tão reticente em se expressar, tão relutante em dizer ou mesmo considerar o que ela quer de verdade, mas que estão tentando mudar isso, fugir dessa velha dinâmica familiar. Aproveitem todas as oportunidades que puderem para explorar esse assunto, para fazer com que ela o examine, pense a respeito, se arrisque a dizer o que deseja, mesmo que ache que isso não vá agradar vocês. Se puderem levar alguma lição do que conversamos hoje, essa será a mais valiosa."

15 de junho de 2000

Conversa sobre as dores nas costas de JDD (possíveis tratamentos), conversa, iniciada por JDD, sobre aumentar gradualmente a dose de Zoloft para um quarto de comprimido por dia. Expliquei que um quarto de comprimido em dias alternados não estava surtindo efeito, a prova disso tinha sido meu estado de ânimo ontem.

Conversamos sobre a ansiedade que senti ontem. Expliquei que estava, em grande parte, relacionada ao trabalho — até a última hospitalização de Q, nossa vida profissional parecia estar minimamente sob controle, mas desde então parecia ter saído de controle. E, como nós dois éramos muito comprometidos com o trabalho, o resultado era uma ansiedade generalizada. Esse foi um dos motivos por que achei uma boa ideia você me acompanhar na última sessão. Confessei que não sabíamos ao certo qual era o estado emocional de Quintana. Na quinta-feira passada, ela parecia muito bem, tivemos uma boa conversa no jantar, você foi a uma reunião com ela etc. Isso durou alguns dias, mas, no domingo, quando me encontrei com ela na catedral de St. John the Divine, ela parecia emocionalmente instável e, durante a reunião, falou de uma forma que eu já a tinha ouvido falar antes, mas só quando estava extremamente angustiada, bêbada ou saindo de um período de consumo excessivo de álcool. Descrevi a reunião, o choro na catedral e, em seguida, a recuperação gradual ao longo do resto da tarde e da noite.

"Ela está sofrendo muito", disse ele. "Vocês precisam entender que ela ainda está se recuperando de um período de consumo excessivo de álcool. Ainda não consegue manter um estado mental estável. Isso é natural. A única coisa que vocês podem fazer nessa situação é apoiá-la, que é o que estão fazendo. Não podem resolver o problema por ela. Acho que devem se concentrar no que ela tem acertado, no progresso que vem fazendo. Ela, de fato, não tem tido mais comportamentos impulsivos nem autodestrutivos. Não largou o emprego atual nem aceitou um outro que não queria. Tem, na verdade, demonstrado uma paciência notável, em uma situação que deixaria muitos alcoólatras extremamente impacientes."

Contei que Quintana havia mencionado que o dr. Kass havia lhe contado que tínhamos medo de ela cometer suicídio. Contei que ela pareceu surpresa, o que me deixou tão confusa que, mais tarde, minha reação me pareceu inadequada. Eu achava que havia conversado com ela — que nós dois havíamos conversado com ela — várias vezes sobre como ficaríamos arrasados. Em retrospecto, eu só conseguia pensar que talvez eu tivesse sido muito vaga, e por isso ela não tinha entendido.

"É provável", disse ele. "A maioria das pessoas faz isso. Há uma crença popular de que nunca se deve mencionar o suicídio a um pessoa que tenha ideação suicida, pois poderia acabar encorajando-a. Isso não é verdade. É um mito, e um mito prejudicial, porque a única coisa que pode dissuadir alguém de cometer suicídio é a certeza de que as pessoas que ama sofreriam muito com isso. Pessoas com ideação suicida genuinamente acreditam que aqueles que amam vão ficar melhor sem elas. Elas precisam ser lembradas constantemente do contrário."

Eu disse que conhecia essa crença popular e que havia grande chance de ela ter influenciado as palavras que escolhi. É provável que eu tenha dito: "Se alguma coisa acontecesse com você". O que deixava margem para que ela pensasse que esse "algo" poderia ser um acidente de carro. Se cheguei a mencionar a palavra "suicídio", provavelmente foi no contexto de como o suicídio de Stephen afetou as pessoas que o amavam, uma parábola que não necessariamente estava relacionada a ela.

"Da próxima vez, seja mais direta", sugeriu ele. "Ela deu abertura. Use isso."

Eu comentei que o aparente espanto dela diante do fato de isso ser uma preocupação nossa tinha sido difícil de entender, ainda mais porque ela mesma havia me contado, na emergência do Hospital de Nova York, que, de fato — na noite anterior ao nosso retorno de Paris, quando Tony e Rosemary* estavam com ela —, tinha tomado uma dose considerável de Librium depois de beber muito, e tinha pensado: "Não vou acordar de manhã, mas Tony vai me encontrar".

"Você chamou a atenção dela para isso?"

---

* Tony Dunne é o filho do irmão mais velho de John. Ele foi casado com Rosemary Breslin.

Respondi que não. Um dos motivos foi o fato de que o nível de álcool no sangue dela naquela noite no Hospital de Nova York (como soubemos mais tarde) era de algo em torno de três vírgula alguma coisa, de modo que me pareceu improvável que ela se lembrasse de ter me contado qualquer coisa.

"Três vírgula alguma coisa é extremamente alto", observou ele. "Mais uma razão para você conversar com ela a respeito."

Eu disse que tínhamos conversado sobre o feriado de cinco dias que estava se aproximando.

"Um pesadelo", comentou ele.

Expliquei que tinha sido por isso que havíamos tocado no assunto. Sugerimos que ela fosse para a Califórnia visitar a avó, Stephanie ou Susan.* Ela respondeu que Susan de fato a convidara para ir à Califórnia passar um mês lá, mas que ela, Quintana, não queria ir — porque Jesse estaria lá, as crianças estariam lá, diversos motivos. Comentei que esse era mais um exemplo de como ela tinha uma percepção distorcida das próprias amizades. Ela estava convencida de que não tinha amigos — quando, na verdade, tinha, mas afastava e isolava cada um deles. O que, em algum nível, ela percebia, mas, em outro, não.

"Ela acha que não merece ter amigos", disse ele. "Acha que a proximidade dela é ofensiva para eles. Essa é a realidade interna dela."

* Susan Traylor era amiga de infância de Quintana. Elas estudaram juntas na Califórnia e continuaram próximas.

Eu disse que, depois que ela se mostrou resistente em ir para a casa de Susan, sugerimos o programa Renewal, em Hazelden. Ela pareceu gostar da ideia, ligou para a psicóloga em Hazelden na segunda-feira de manhã e chegou a organizar e discutir com o dr. Boskin um plano de contingência — Canyon Ranch —, caso o primeiro não desse certo. Eu disse que não sabia o desfecho, mas que ela parecia estar ciente do problema e ansiosa para evitá-lo.

"Seja o que for que ela decida fazer", disse ele, "eu voltaria a cogitar a ideia de ela passar um tempo com Susan, o marido e os filhos. Em primeiro lugar, acho que faria muito bem a ela — talvez até mais do que ir para Hazelden, embora vocês não possam tomar essa decisão por ela — conviver com pessoas saudáveis. Eu apenas iniciaria uma conversa. 'Qual é o problema com Jesse e as crianças?', perguntaria. 'É porque você não quer vê-los? Ou está com medo de que eles não queiram vê-la?' Suspeito que ela tenha medo, de alguma forma, de importuná-los com os próprios problemas — de se revelar indigna —, de eles ficarem com raiva dela e a expulsarem. Sendo sincero, isso nunca aconteceria — ela é civilizada demais para deixar isso acontecer —, mas, na realidade interna dela, isso já aconteceu."

Eu disse que, em abril, tínhamos passado uma tarde agradável com Susan e as crianças, que Quintana tinha ficado tão envolvida brincando com Pablo — o afilhado dela — que foi difícil convencê-la a ir embora antes da hora do rush.

"Lembre-a disso. E use a palavra 'afilhado'. Toda vez que tiver a oportunidade de reforçar que ela tem laços com outras pessoas, aproveite."

Ele perguntou se Quintana tinha demonstrado interesse pelo fato de você ter me acompanhado na sessão da semana passada. Eu respondi que achava que sim, que havíamos conversado brevemente sobre isso no jantar, mas que Quintana parecia achar que, por mais interessada que estivesse, não era da conta de ninguém o que era dito entre paciente e psiquiatra.

"Ela não quer ser invasiva", observou ele. "Mas você pode dizer a ela que o fato de você falar sobre algo que aconteceu em uma de nossas sessões não significa que espera que ela conte o que acontece nas sessões dela com o dr. Kass."

Ele perguntou se você achou que nossa sessão da semana passada tinha sido útil. Eu disse que achava que sim.

"Vocês conversaram com Quintana sobre o que eu disse a respeito de ela não compreender a relação de vocês?"

Respondi que tínhamos conversado, mas apenas por alto.

"Talvez você devesse entrar em detalhes. Falar sobre o que ela não entende. Porque isso está na raiz do problema dela. Ela ainda se vê como parte de uma dinâmica familiar que não existe. Que talvez nunca tenha existido. Se ela tivesse oito anos e vocês tivessem o tipo de conversa que estão tendo agora, tudo estaria esclarecido em duas semanas. Mas, na idade dela, esse tipo de pensamento pode ser muito persistente. Corrigir isso — fazê-la perceber a visão equivocada que tem sobre si mesma em relação a você e ao pai — é um dos focos da terapia dela."

Eu disse que nossa conversa na semana passada me fez pensar muito sobre como Quintana devia nos ver quando criança. Disse que tinha tido um paralelo com o que o próprio dr. MacKinnon havia apontado para mim sobre as mensagens não ditas — a depressão do meu pai, os pensamentos suicidas dele, a reação da minha mãe a isso — que eu mesma havia captado quando criança. À luz do que eu entendia sobre mim mesma, me parecia inteiramente possível que Quintana tivesse captado as tensões em nossa própria casa — ditas ou não ditas. Expliquei que os primeiros anos da infância dela foram em uma época em que praticamente não tínhamos dinheiro, ficávamos preocupados, e que não estávamos casados havia tempo suficiente para estarmos determinados a continuar juntos. Todas essas tensões eram perfeitamente normais para aquela época na vida ou no casamento de qualquer pessoa, mas Quintana pode muito bem ter interpretado essas preocupações como catástrofes em potencial.

"Exatamente. Ela sabia que era adotada, que tinha pais que a haviam adotado e a amavam, mas o que aconteceria com ela se alguma coisa acontecesse com vocês? Acho que você vai descobrir que, à medida que ela for percebendo o quão forte você é, ela vai começar a se dar conta de que essa interpretação infantil não passava de um bicho-papão, um produto assustador da imaginação dela."

Eu disse que sabia que ela sempre tinha me visto como frágil.

"Ela vê. Imagino que a maioria das pessoas também. Não é apenas sua fragilidade física, é a maneira como você se relaciona com as pessoas, as emoções muito próximas da superfície — tudo na sua expressão emocional parece frágil. Mas você não é. Você é, na verdade, muito forte."

Falei que, certa vez, uma amiga havia comentado que, enquanto a maioria das pessoas que ela conhecia se mostravam muito fortes e competentes, mas por dentro eram marias-moles, eu era o exato oposto.

"Isso é uma observação extremamente perspicaz. Se você nunca disse isso a Quintana, acho que deveria dizer. De preferência, na próxima vez que se encontrarem."

21 de junho de 2000

O dr. MacKinnon me perguntou o que eu estava lendo, o que eu tinha no colo. Respondi que era um material sobre fundos fiduciários revogáveis que eu tinha baixado da internet antes da nossa sessão. Expliquei que estava tentando reunir argumentos para uma ligação que eu estava esperando do nosso advogado. Disse que queríamos criar um fundo desse tipo, pelo motivo óbvio de que poderia substituir qualquer testamento e permitir a transferência direta dos bens, sem despesas de inventário.

"Considerando que o dinheiro economizado sairia do bolso do seu advogado, não dá para esperar muito entusiasmo da parte dele", pontuou ele.

Eu respondi que, como nosso advogado está com mais de oitenta anos, esperamos viver mais do que ele.

"Mas ele tem um escritório. Sucessões são o ganha-pão de qualquer escritório de advocacia. Quem vocês nomeariam como administrador do fundo?"

Falei que não sabia. Que Quintana seria a beneficiária e que um fundo no nome dela significaria que, quando nós dois morrêssemos, ela teria, no meu entendimento, controle total sobre ele. Acrescentei que havia uma coisa interessante nisso. Que, na última vez que fizemos um testamento, eu ainda tinha a tendência de querer protegê-la, limitando o acesso dela aos bens. Não penso mais assim. O que me pareceu estranho, porque agora eu sabia que ela estava em um momento muito menos responsável do que quando redigimos nosso último testamento.

"Não acho que seja estranho. Acho que é um desdobramento muito saudável. Você se deu conta de que não tem controle sobre a vida dela. Está reconhecendo que ela é responsável pela própria vida. Essas questões de herança são bastante complexas. Quase sempre dizem respeito a mais do que ao dinheiro. Elas nos obrigam a pensar no fim da existência, a avaliar os sucessos e os fracassos da nossa vida. Naturalmente, é um assunto muito sensível. Tentamos contornar isso discutindo-o em termos puramente legais, mas as emoções continuam lá."

Eu contei que havia passado por um grande conflito silencioso com meu irmão sobre vários pontos do testamento dos nossos pais. Especificamente sobre quem seriam os beneficiários do fundo que eles haviam criado: nós ou nossos filhos. É óbvio que evitaríamos grande parte dos impostos se os bens fossem transferidos diretamente para nossos filhos. Mas eu me opus, porque isso significaria que Quintana receberia apenas um quarto do patrimônio em vez da metade que receberia se eu fosse a beneficiária. Acabei vencendo a discussão, mas tinha sido uma disputa contínua e nunca verbalizada.

"Deve ter sido muito difícil. Deve ter trazido à tona todo tipo de medo e apreensão em relação a conflitos familiares, à possibilidade de causar a desunião da família. Pode até ter feito você se questionar sobre o valor da família."

Respondi que outro assunto delicado havia surgido ontem, durante uma conversa com minha mãe. Ela havia pedido ao meu irmão que comprasse um espaço para colocarmos as cinzas dela. A igreja só estava vendendo os espaços de dois em dois, e Jim sugeriu que seria o momento ideal para transferir as cinzas do nosso pai de onde estão, no jazigo da família da mãe dele, em Sacramento. Eu fui contra, mas disse apenas que deveríamos conversar sobre o assunto com nossa mãe. E, quando conversei com ela ontem, foi veementemente contra. Disse que as cinzas estavam onde ele gostaria que estivessem e que não queria que fossem transferidas. Ela tinha dito isso a Jim, mas depois achou que tinha sido dura demais. Eu disse a ela que achava que Jim não entendia o quanto papai estava conectado a Sacramento, nem o quanto ele havia se dedicado à própria mãe nos dois últimos anos de vida. Minha mãe respondeu que duvidava que papai já tivesse expressado isso na frente de Jim. E eu disse que, mesmo que tivesse, era provável que Jim não tivesse escutado. De qualquer forma, prometi que falaria com ele. Sabia que ia ser um embate.

"Um embate que, de uma forma ou de outra, vai envolver reflexões sobre quão inseparáveis seus pais realmente eram."

Eu respondi que era muito provável que na minha percepção os dois fossem menos inseparáveis do que na de Jim. Eu estava mais consciente, cronologicamente, durante os anos de guerra em que eles estiveram separados. E estava mais atenta às tensões nos anos do pós-guerra.

Refletindo, percebi que, na verdade, eu não os via como inseparáveis de forma alguma. Acho que minha mãe também não. No entanto, desde que papai morreu, eu a vi chorar em diversas ocasiões — uma vez quando a levei a um evento em Berkeley e a turma dele desfilou em procissão, outra quando alguém propôs um brinde a ele em uma reunião de família. Em todas essas ocasiões, fiquei um pouco surpresa — então pensei que talvez eles fossem, sim, inseparáveis, que, por mais detestável que papai tivesse sido nos últimos anos, ela sentia falta dele. Agora eu me perguntava se a questão não era mais complexa do que isso.

"As lágrimas são sempre mais complexas do que parecem. Na minha experiência, elas podem expressar praticamente qualquer nota na escala das emoções. Sua mãe chora. Você chora. Se explorasse as emoções por trás das suas lágrimas, talvez entendesse melhor as dela. Algumas pessoas nunca choram. As emoções ficam enterradas bem fundo. As suas estão logo abaixo da superfície. Tenho a impressão de que seu caráter emotivo é uma das coisas que atrai seu marido."

Não mesmo, respondi. Isso o irrita.

"Em um certo nível, talvez. Mas vocês estão casados há trinta e seis anos, não acho que isso se deva apenas ao comodismo."

Falei que você não era uma dessas pessoas que nunca choram, que, na verdade, embora fosse algo raro, eu o tinha visto chorar. Mas sempre em momentos apropriados.

Nunca por qualquer coisa. Por exemplo, você chorou quando seu irmão morreu.

"Em meu breve encontro com ele, tive a clara impressão de uma forma muito positiva de seriedade ou autocontrole. Eu diria que ele consegue lidar com algo e, ainda assim, manter certo distanciamento emocional. Assim como acredito que ele é atraído pela seu caráter emotivo, eu diria que você é atraída pelo autocontrole dele."

Eu disse que ele havia mencionado, na semana passada, uma certa surpresa com a minha força. E que eu vinha pensando a respeito e me perguntando se muito do que parecia ser força não era apenas uma capacidade altamente desenvolvida de compartimentalização.

"Você compartimentaliza, sim, mas eu vejo uma força genuína."

Contei que tinha começado a pensar sobre a origem dessa capacidade de compartimentalizar. Eu cheguei à conclusão de que ela vinha da narrativa clássica do caminho para o Oeste que me fora incutida quando eu era criança. Deixe para trás as malas, descarte o piano, os livros e o baú de jacarandá da sua avó, ou não chegará a Independence Rock a tempo de atravessar a Sierra antes da neve. Eu disse que hoje percebo muitas contradições nessa história, a principal delas: Onde você estava quando chegava lá, enfim? O que realmente restava de você?

"Você sabe sobre o que realmente estamos falando nesta sessão, não sabe?"

Não, respondi.

"Estamos falando sobre sermos forçados a fazer um balanço. Olhar para nossa vida. Questionar se realmente a vivemos. Perguntar o que de fato vamos deixar para trás. Isso é algo que todo mundo tem que enfrentar. E é difícil. Mas se você encarar isso agora e fizer as mudanças necessárias, vai ter uma chance de morrer em paz."

Eu disse que achava que nós dois estávamos sentindo o peso do tempo, a pressão de não ter tempo suficiente para fazer o que de fato consideramos importante. De escrever roteiros de filmes quando deveríamos estar nos dedicando a coisas que realmente queremos fazer. E toda vez que achávamos que talvez tivéssemos uma chance de nos livrar de nossas obrigações, Quintana entra em crise. E, às vezes, não consigo deixar de me ressentir um pouco.

"É claro que você se sente assim. Não tem como não sentir. Você se sente aprisionada pela responsabilidade que tem por ela. E, ao permitir que ela a mantenha prisioneira, acaba aprisionando-a também. Ela se sente presa. Ela diz isso. Ela se sente tão responsável por você e por John quanto vocês se sentem por ela. Acho que ter consciência do seu ressentimento pode trazer resultados importantes para ela."

Como?, perguntei.

"Não há uma resposta simples. É algo que vamos precisar pensar juntos. Temos que discutir isso em profundidade. Mas acho que estamos nos aproximando do ponto em que essa discussão vai ser possível."

28 de junho de 2000

Comentei que, depois da nossa conversa na semana passada, me ocorreu que a questão que abordamos — de fazer um balanço da própria vida, questionar o valor dela, o legado que vamos deixar — provavelmente ocupou meus pensamentos o ano todo. Que a situação com Quintana só havia evidenciado — e agravado — uma preocupação mais ampla relacionada ao trabalho, ao sentido das coisas etc. Que, na verdade, essa mesma questão havia precipitado o que provavelmente se configurava como uma crise existencial.

"Sem dúvida", disse ele.

Respondi que entendia tudo isso, mas que ainda assim não sabia o que fazer, como lidar com a questão. Disse que a situação de Quintana parecia boa no momento. Que ela havia respondido muito positivamente ao especialista em dependência química, que se identificava com o grupo no qual ele a havia colocado e que o achava muito útil. E disse que dava para ver a diferença. Ela estava com uma aparência melhor, é claro, porque não estava bebendo, mas também estava mais lúcida. Até se permitiu ficar feliz — e isso no fundo me preocupava — por conta de um jantar com alguém. Acrescentei que era a primeira vez que a víamos assim em bastante tempo — e que tínhamos medo, é claro, de que tudo, ou ela, desmoronasse.

"Você pode ver as coisas dessa forma, mas há outra maneira de encarar essa situação. Claramente, ela está fazendo progressos, está se permitindo ter esperança, se conectar com alguém além dela mesma. O simples fato de estar se expondo à possibilidade de uma decepção já mostra um grande progresso. Houve uma época — bem recente, inclusive — em que ela não teria se arriscado."

Mas e se não der certo?, perguntei.

"É bem possível que não dê", disse ele. "É a vida. Ela está aprendendo a vivê-la. Você pode ajudar compartilhando a alegria dela enquanto durar — se mantendo otimista. Seu otimismo pode ter um efeito real sobre ela. Ela pode usá-lo. Isso pode deixá-la mais esperançosa e dar a ela recursos para lidar com os próprios períodos depressivos. Você não precisa ficar sempre preocupada com o próximo problema. O fato de estar alerta não vai fazer com que o problema desapareça. Ele vai continuar lá. Você tem medo de não estar preparada para o problema se não o antecipar, mas vai estar. A adrenalina entra em ação. Você age. E, enquanto isso, terá sido feliz. O que fortalece você para enfrentar os problemas — e também fortalece ela."

Eu disse que, depois de uma vida inteira me preocupando com problemas futuros — ou, como sempre pensei, ficando de olho no que poderia vir —, não via como poderia parar agora.

"As pessoas são capazes de mudar. Eu cresci em uma família como a sua, tinha depressão, também estava sempre preocupado com os problemas e o que poderia vir. Muitos psiquiatras são atraídos por essa especialidade porque eles próprios sofrem de depressão. É por isso que a taxa de suicídio entre psiquiatras é quatro vezes maior do que em outras profissões. Então eu sei — por experiência própria — que a mudança é possível. A depressão é um hábito mental. E hábitos podem ser mudados."

Falei, com relação ao efeito desse hábito mental em Quintana, que, nesta semana, mencionamos a ela que ambos estávamos deprimidos. Isso pareceu ser uma fonte de preocupação considerável para ela, até que deixamos claro que tinha a ver com um problema específico de trabalho. O que não era totalmente verdade, mas não contamos isso a ela.

"O importante é que vocês não a deixaram pensar que tinha algo a ver com ela. Do que se tratava?"

Respondi que tinha a ver com trabalho, mas mais do que um trabalho específico. Tinha a ver com o momento da vida em que estamos, a vontade de pegarmos mais trabalhos que valessem a pena e menos que não valessem. Expliquei que, por muitos anos, conseguimos trabalhar em filmes — muitos dos quais chegaram a ser produzidos — e ainda ter tempo de fazer o que realmente queríamos. Mas isso vinha se tornando cada vez mais difícil. Em parte devido à lógica econômica da indústria cinematográfica — filmes cada vez mais caros, mais tempo de desenvolvimento, mais reescrita etc. Um único projeto podia ocupar anos da nossa vida e, ainda assim, nunca sair do papel.

"A esta altura da vida, vocês não deveriam estar fazendo coisas que não querem fazer. Ninguém deveria. Eu mesmo tive que tomar a decisão de não atender mais pacientes que não queria tratar. Isso implicou em alguns sacrifícios. Não faço ideia de como é a situação financeira de vocês. Podem se dar ao luxo de não trabalhar?"

Eu respondi que não era uma questão de querer deixar de trabalhar, mas sim de querer trabalhar em coisas que fazíamos bem, que nos traziam alguma recompensa psíquica.

"Então, vocês ainda teriam renda, mas não no mesmo nível de antes. É isso?"

Respondi que sim.

"E dá para vocês viverem assim?"

Falei que não fazia ideia.

"Isso é realmente muito fácil de descobrir. Eu posso até mostrar, sou bom nisso, todos os meus amigos me procuram quando têm dúvidas sobre dinheiro. Mas tenho certeza de que você e John podem resolver isso sozinhos. Vocês sabem quanto têm, sabem quanto vão ganhar ao longo do ano, sabem quanto costumam gastar."

Eu comentei que havia duas variáveis desconhecidas nessa equação: quanto ganharíamos e quanto gastaríamos.

"Vocês nunca viveram com um orçamento planejado?"

Respondi que não. Disse que ambos supúnhamos que talvez tivéssemos que reduzir nossos gastos. Mas o quanto — ou se isso realmente seria um fator decisivo — era um mistério para mim. Contei que havíamos tentado começar a lidar com essa questão no final do ano passado. Talvez a falha mais reveladora em nossa abordagem tenha sido o fato de termos decidido discutir a questão em Paris, e de termos viajado de Concorde.

Ele riu. "Se vocês dois querem retomar o controle de suas vidas, essa seria a melhor maneira de começar. Acho que deveriam se sentar com seu contador para entender a situação."

Eu respondi que, obviamente, isso estava ligado ao nosso dilema jurídico imediato.

"Acho que precisam cuidar disso também", disse ele. "Porque as coisas não vão melhorar sozinhas. É claro que vocês dois deveriam estar fazendo o que gostam. Mas só vão conseguir isso depois de terem resolvido essas questões relacionadas à sua segurança financeira. Isso também pode ser uma das coisas que preocupam e inquietam Quintana. Além disso, seria muito útil para ela ver vocês felizes com o trabalho."

Eu disse que ela já tinha nos visto assim, mas não recentemente. Disse que havia muitas coisas que deveríamos ter feito este ano, e nem estava falando dos livros. Disse que você deveria ter escrito sobre o escândalo de corrupção na polícia de Los Angeles, que eu deveria ter escrito sobre Miami.

"Sim. Vocês definitivamente deveriam estar fazendo essas coisas. Então, deem um jeito."

Eu disse que havia outro fator que poderia estar impedindo esse tipo de reportagem: nós dois tínhamos desenvolvido uma extrema relutância em ir a qualquer lugar ou fazer qualquer coisa sem o outro.

"Vocês são muito conectados, sim. Isso dá uma sensação de segurança, mas também é muito limitador. Parece ser o que faz com que, às vezes, Quintana se sinta uma intrusa em uma família de duas pessoas. Às vezes, ela tem a impressão de que vocês a excluem e, em outras, a envolvem demais, a sufocam. Mas vocês são dois, e ela é uma."

Falei que achava que essa dualidade talvez tivesse sido reforçada — intensificada exponencialmente — durante e após o período em que estive em tratamento contra o câncer e não contamos a ninguém.

"Sim, acho que você ainda carrega cicatrizes disso. Cicatrizes que nunca examinou. As físicas se curaram, as emocionais, não."

Eu disse que achava que as cicatrizes não vinham do fato de ter tido câncer, mas do isolamento.

"Você contou para alguém desde então?"

Respondi que, depois de cinco anos, havíamos contado a Calvin e Alice,* e expliquei por que nos sentimos culpados por não termos contado a eles na época.

"Na época em que você esteve em tratamento, seus médicos não sugeriram que procurasse um grupo de apoio?"

Eu disse que nunca teria feito isso. O que quer que acontecesse, eu estava decidida a *não contar*. Até fiz a radioterapia na 168th Street, para não correr o risco de esbarrar em algum conhecido.

"Acho que deveríamos voltar a falar sobre isso em outro momento. O câncer ainda tem um peso enorme para muitas pessoas."

Reiterei que o peso, para mim, não foi o câncer, mas talvez tenha sido o isolamento.

"Seja como for, acho que devemos falar sobre isso."

---

* Calvin Trillin e sua mulher, Alice, eram amigos de longa data da família Didion/Dunne.

5 de julho de 2000

Conversamos sobre como o Arizona foi bom para Quintana. Sobre como ela jogou tênis todas as manhãs, se cuidou, teve uma sensação real de que conseguia, de fato, fazer coisas e cuidar de si mesma fora de um contexto de "tratamento". E sobre como ela havia ficado emocionada com os fogos de artifício na noite passada.

Ele disse que devíamos ter ficado aliviados de perceber que ela estava feliz.

Eu disse que sim. Falei que havia me dado conta hoje de manhã — quando percebi que já fazia dois meses que eu não tomava injeções de B12 — que eu devia estar muito, muito distraída, porque isso era algo que eu fazia religiosamente. Então, quando parei para pensar, constatei que a primeira dose esquecida tinha sido durante uma crise não hospitalar de Quintana, e a segunda, quando ela estava em Milstein para uma terceira rodada de desintoxicação.

"Quando há uma crise, você se concentra inteiramente nela. O que, em geral, significa que você se concentra em alguém que não você mesma."

Eu disse que, na verdade, estávamos conseguindo nos empenhar em nos livrar dos trabalhos que tínhamos que terminar antes de podermos nos dedicar ao que queríamos fazer.

Em seguida, ele iniciou o que, a princípio, pareceu ser uma série de perguntas irrelevantes sobre como um roteiro é escrito, como uma cena é construída, como um personagem é desenvolvido. "Você deve ter que se forçar a entrar na mente desses personagens imaginários", disse ele. Respondi que sim. "Isso deve exigir muita concentração", comentou. "O que, recentemente, você tem achado difícil, se não impossível, de manter."

Respondi que sim, que isso obviamente fazia parte de nossa insatisfação geral com o trabalho. E que, obviamente, estava relacionado à situação de Quintana.

Comentei que tinha lido que Smithers estava se afastando do chamado modelo de Minnesota. Que eles viam essa mudança como um retorno à medicina tradicional — na qual, se um plano de tratamento não está funcionando, ajusta-se o tratamento em vez de culpar o paciente. Que os planos de saúde estavam incentivando essa mudança, porque os estudos de resultados não mostravam muito sucesso com o modelo de Minnesota.

"Eu não confiaria muito nos estudos de resultados feitos por planos de saúde", disse ele.

Por outro lado, argumentei, até mesmo a taxa de sucesso divulgada por Hazelden me pareceu bastante baixa.

"O vício em álcool — qualquer tipo de vício, na verdade — é extremamente resistente a qualquer tipo de tratamento. Algumas pessoas conseguem se recuperar, mas acho que ninguém sabe exatamente por quê."

Eu disse que não queria alimentar falsas esperanças, mas me pareceu, neste fim de semana, que talvez Quintana conseguisse se recuperar. Que ela até mencionou a família biológica de uma forma que parecia livre de raiva, ressentimento ou ansiedade. "É meio irônico eu estar em Tucson e Dallas", disse ela, em determinado momento, mas pareceu dizer isso sem angústia. O que não tinha acontecido desde o primeiro contato deles com ela.* Falei que havia muitas maneiras pelas quais aquele contato havia se entrelaçado a seu problema com a bebida, exacerbando-o. O mais grave: havia intensificado exponencialmente a culpa e a ansiedade. Mas havia algo mais. Ela tinha descoberto que praticamente toda a família, com exceção da irmã, sofria de alcoolismo. Seria possível ver isso como uma desculpa à qual ela se agarrou, mas vi mais como se ela dissesse tudo bem, eles dizem que eu sou um deles, então serei um deles.

"Se você acredita em um fator genético para o alcoolismo, isso tende a corroborar essa hipótese."

Por outro lado, falei, se você acredita em um fator ambiental para o alcoolismo, pode encontrar corroboração nas famílias com as quais ela cresceu, na nossa. Disse que não achava que tivesse existido, na infância dela, uma única noite em que álcool não estivesse sendo consumido. E nunca houve uma ocasião social em que alguém não tivesse acabado bêbado.

"Alguém, com certeza. Mas não necessariamente você ou o pai dela. Crianças são muito sensíveis a essas diferenças. Elas conseguem identificar quem está bêbado em uma

* A irmã biológica de Quintana entrou em contato com ela, com a ajuda de um investigador particular, em 1998. A família morava no Texas.

festa só de entrar na sala para dar boa noite. Ela não via vocês bêbados todas as noites em casa, via?"

Respondi que não, mas que ela me via beber todas as noites. Disse que isso era importante para mim quando eu estava trabalhando. Enquanto jantava, eu revisava os textos e fazia anotações. A bebida me permitia fazer isso de uma forma que eu não conseguia fazer sóbria — me dava certa ousadia.

"Não é assim que os alcoólatras bebem. Eles não bebem pelo impulso criativo, nem pelo leve estado de euforia, nem pelo relaxamento. Bebem para ficar bêbados. Querem o esquecimento. No entanto, o álcool acaba levando-os diretamente da ansiedade para a depressão e a raiva. Eles não aproveitam as paradas ao longo do caminho. Então não param."

Eu disse que havia pensado mais em nossa conversa da semana passada sobre o câncer. Tinha analisado meus sentimentos sobre o assunto e ainda não conseguia identificar qualquer emoção prejudicial relacionada ao "câncer" como conceito.

"Você deve ter ficado com medo", disse ele.

Não, respondi. Não fiquei, mesmo. Minha reação inicial foi que aquilo era ridículo, que não podia estar acontecendo comigo, porque eu nunca tive peito. O fato de eu ser considerada de "alto risco", de ter ido a oncologistas desde os trinta e cinco anos, de minha mãe ter tido câncer de mama — aparentemente não havia alterado em nada a imagem que eu tinha de mim mesma como alguém peito. Eu disse que em dois momentos — o primeiro quando falei para você que a ultrassonografia parecia positiva, o segundo quando recebi a ligação com o laudo da biópsia — eu de fato chorei por cerca de dez segundos. Mas acho que foi mais por frustração, porque algo havia escapado do meu controle, porque esse algo seria inconveniente e, além disso, poderia ser desastroso para o nosso sustento. Quando percebi que o problema poderia ser resolvido sem ameaça financeira, nunca mais me incomodou. Exceto em um aspecto. Passei a considerar a solução em si — o segredo — como o único dano residual. Isso acabou me isolando — nos isolando — ainda mais do que já nos isolávamos das outras pessoas.

"Você já se sentia isolada, não é?"

Em certa medida, admiti, sempre me senti isolada. Eu me sentia extremamente isolada quando era criança. E isso continuou até o momento em que me casei com você. Juntos, na Califórnia, embora ainda estivéssemos isolados, tínhamos, até certo ponto — um ponto que eu achava bastante reconfortante, um aspecto bom da nossa vida lá —, nos tornado parte de uma comunidade. Passávamos os feriados com outras pessoas, levávamos presunto quando alguém morria, tínhamos um certo papel naquela comunidade, mesmo à distância. Disse que havia sentido falta disso quando nos mudamos para Nova York. De qualquer forma, talvez aquilo não fosse durar muito mais tempo na Califórnia — muitas das pessoas que conhecíamos estavam morrendo ou se afastando e, ao contrário de muitos dos nossos conhecidos, nossa filha não quis construir a vida dela naquela comunidade —, mas eu sentia falta disso. Falei que você havia apontado que nossos amigos mais antigos estavam em Nova York, e estavam mesmo, mas, por vinte e quatros anos, eles tinham construído uma comunidade sem nós, e nós estávamos inseridos em uma comunidade diferente. E, de repente, não éramos mais parte de nenhuma das duas.

"John não sentiu isso com tanta intensidade quanto você?"

Respondi que achava que não.

"Ele era mais autossuficiente, não precisava tanto dessa comunidade?"

Ou não a queria, falei.

"Mais ativo do que simplesmente não precisar. Pode ser. Isso pode ser remediado, você sabe. Acho que é algo sobre o que deveríamos conversar mais, porque envolve a extrema interdependência que vocês desenvolveram com Quintana."

12 de julho de 2000

Eu disse que, a não ser que houvesse alguma emergência dramática, iríamos para Honolulu no dia 21 e voltaríamos no dia 2 de agosto, pela manhã, portanto, teríamos sessão na próxima semana e na tarde do dia 2, mas não na quarta-feira entre essas duas datas. Ele me informou que a semana do dia 2 seria a última semana de trabalho dele e que ficaria fora o restante de agosto.

Contei que Quintana parecia muito estável, considerando que tinha vivenciado alguns acontecimentos potencialmente perturbadores. Expliquei sobre Marian* e, em seguida, sobre o encontro desmarcado, que por si só não era importante, mas que, considerando o estado mental em que ela se encontrava, poderia ter sido bastante prejudicial. Eu disse que ficamos aliviados ao ver que ela reagiu a ambos de forma realista e equilibrada.

"É claro que a situação de trabalho tem um potencial de abalar o mundo dela a longo prazo", disse ele. "Isso vai exigir alguma orientação, mas é possível que ela enxergue esse fato como uma oportunidade. A *House Beautiful* é só de fotografias. Agora ela tem uma amiga lá que talvez não tivesse antes."

Eu disse que ela reconhecia esse potencial. E ia fazer um trabalho para a *Elle Décor* em Washington pelo qual

---

* A editora Marian McEvoy saiu da *Elle Decor*, onde Quintana trabalhava como fotógrafa, para a *House Beautiful* em 6 de julho de 2000.

parecia estar animada — falei que não sabíamos se tinha sido a viagem para o Arizona, mas algo parecia ter convergido para que ela se sentisse capaz de ir a lugares e fazer coisas, menos uma inválida, menos presa a uma "recuperação" punitiva — tão punitiva quanto (e sempre com a ameaça de) uma "recaída".

"Isso parece promissor. Ela vai estar em Washington enquanto vocês estiverem fora?"

Eu disse que ela estaria em Washington no primeiro fim de semana em que estivéssemos fora, e que planejávamos pedir a um amigo para convidá-la para passar o segundo fim de semana no campo. Assim, se ela não soubesse o que fazer ou estivesse preocupada, teria aonde ir.

Mudança de assunto. Contei que na última quarta-feira à noite, depois da conversa que tivemos à tarde sobre câncer, segredo e isolamento, por acaso fomos jantar com uma pessoa que teve câncer de mama um ano depois de mim. Ela não havia mantido o câncer em segredo — mesmo que quisesse, teria sido difícil, já que precisou fazer quimioterapia. Mais ou menos um ano depois do tratamento, ela e eu tivemos uma série de conversas sobre como o câncer a havia afetado que me pareceram — para duas pessoas que não eram grandes amigas — extraordinariamente honestas. Na época, me ocorreu que eu queria contar a ela sobre o meu câncer, mas é claro que não contei — em primeiro lugar, as conversas foram muito rápidas, no saguão do McKeen, onde a sogra dela estava morrendo e você estava internado devido a uma arritmia. O tempo passou e eu não tive mais esse impulso, mas na quarta-feira à noite, quando ela e o marido revelaram que ela estava enfrentando uma recidiva — de um tipo grave, no fígado — e que havia contado a pouquíssimas pessoas, senti novamente o impulso, com muita intensidade, e contei a eles. Tinha sido libertador, mas, em muitos aspectos, também assustador. Depois ela me ligou. Descrevi a ligação e a palavra que ela usou: "translúcida".

"Você se abriu com ela — em outras palavras, lhe deu algo — e ela deu algo em troca, se abriu com você."

Eu disse que talvez a abertura fosse mais natural para ela porque era filha de dois psiquiatras.

"Não é assim que funciona. Na verdade, uma piada comum entre psiquiatras é que temos os filhos mais problemáticos de todos."

Eu disse que Carolyn de fato tinha dado a entender que ser criada por psiquiatras não tinha sido fácil, que ela sempre sentia que estava sendo observada e que não estava à altura das expectativas. Mas é claro, acrescentei, que criança de classe média não se sente assim, independentemente do que os pais façam?

"Todo mundo se sente assim na infância. A questão é se, em que momento e a que custo você supera esse sentimento."

Eu disse que duvidava que teria conseguido me abrir se ele e eu não tivéssemos conversado sobre isso apenas algumas horas antes.

"Tenho certeza de que isso é verdade. Mas o que importa é que você se abriu. Você acha que conseguiria se abrir o suficiente para contar a Quintana sobre essas conversas com ela?"

Respondi que, na verdade, havíamos contado a Quintana, mas eu não fazia ideia do quanto ela havia absorvido da conversa — ela não havia reagido como se tivesse achado aquilo tão impactante quanto nós.

"Não importa o que ela disse ou deixou de dizer. Acredite, o inconsciente dela deve ter tirado algo muito valioso dessa conversa. Você estava dizendo a ela — mesmo que não soubesse disso, e mesmo que ela não tenha reconhecido isso de forma consciente — que ela não precisava ser totalmente responsável por você, que você não é totalmente dependente dela, que ela não é sua prisioneira. Que você tem uma vida independente da dela, que tem amigos, que conversa com eles, que eles se abrem quando você fala com eles. Que o peso não está todo sobre ela. Quando você e eu começamos a conversar, estávamos focados apenas em como você poderia lidar com ela de forma mais eficaz. Depois, por necessidade, nossas discussões se ampliaram. Passamos a falar sobre como você pode lidar de forma mais eficaz com outras pessoas em sua vida, lidar de forma mais eficaz com a própria vida. São questões mais amplas, mas que inevitavelmente impactam a relação de vocês duas. Acho que esse é um exemplo disso."

Eu disse que reconhecia que o isolamento emocional sobre o qual havíamos conversado poderia naturalmente ter me levado a desenvolver uma dependência excessiva dela — no sentido de estar envolvida demais com ela, emocionalmente falando. Falei que era estranho para mim — um pouco irônico — pensar em mim mesma agora como alguém próxima demais dela, quando o sentimento de culpa mais comum para as mães absorvidas no próprio trabalho ou na própria vida é justamente o de não estarem próximas o suficiente.

"Você minimiza esse tipo de culpa como algo convencional, mas teria sido difícil para uma mulher tão ocupada como você não a ter sentido em algum momento. E talvez compensado em excesso."

Eu disse que já havíamos percebido que ela era próxima demais de nós, mas nunca tinha me ocorrido que eu pudesse ser próxima demais dela. Principalmente na adolescência. Minha mãe disse certa vez que, se tivesse que criar os filhos de novo, teria me mandado para longe dos doze aos vinte anos.

"É comum haver bastante tensão entre mães e as filhas adolescentes. Elas precisam afastar a mãe. Precisam se certificar de que estejam mortas. E depois se sentem culpadas por isso. Às vezes, a tensão é tão grande — em parte porque envolve sexualidade, e isso é um tabu —, que mães e filhas nunca restabelecem uma abertura ou uma proximidade real."

Eu disse que isso tinha acontecido comigo e com minha mãe, mas que eu tinha tentado evitar os pontos de atrito com Quintana. Em muitas situações potencialmente estressantes — levar a festas, sair para comprar roupas —, eu tinha conseguido que Dominique me substituísse. O que foi muito, muito bem-sucedido. Dominique era seis anos mais velha do que Quintana, e Quintana a adorava, a idolatrava, na verdade. Este ano, eu me peguei pensando se Quintana estaria em uma situação tão difícil se Dominique ainda estivesse viva.

Silêncio. "No que está pensando agora?", perguntou o dr. MacKinnon.

Respondi que estava pensando em Dominique. Eu já havia me recriminado tantas vezes por não ter conversado com ela. O namorado sempre tinha me passado uma energia ruim. A mãe de Dominique também sentira isso e deixara claro que não gostava dele, o que tinha enfurecido Dominique e, pelo menos no início, eu não quis desempenhar o papel de mais uma figura materna controladora na vida dela. Mas começou a ficar claro que ela não estava feliz. Bebia demais, ficava excessivamente eufórica, tinha aquele rubor típico da infelicidade. Eu poderia ter conversado com ela. Tinha conversado com ela sobre outras coisas, por exemplo, sobre não usar o aborto como método contraceptivo. E depois que encontramos o pai dela em Nova York e ele nos contou que ela tinha sido agredida e tinha terminado com o namorado, eu decidi que falaria com ela, explicaria como era perigoso deixar que ele voltasse para a vida dela. Mas surgiram outras coisas, e a oportunidade não se apresentou de imediato. E, quando me dei conta, ela estava morta.

Expliquei as circunstâncias da morte dela.

"O que você acha que poderia ter dito a ela que teria evitado isso?"

Respondi que não sabia. Mas nós éramos próximas. Eu deveria ter tentado.

"Ela mudou de comportamento depois que você conversou com ela sobre o aborto?"

Falei que achava que não.

"Tristeza é uma coisa. Culpa é outra. É óbvio que ela nunca deveria ter saído de casa, ido para aquela entrada de garagem. Ela já havia sido agredida pelo menos uma vez, talvez mais. Há um tipo de comportamento imprudente que desafia os melhores esforços das pessoas que se importam para evitá-lo."

Perguntei se ele estava se referindo a um comportamento imprudente da parte dela.

"É óbvio. Ela estava agindo de forma imprudente. Vemos isso o tempo todo em mulheres que sofrem abuso. Há um nível alarmante de delírio de grandeza. Elas acham que conseguem controlar a situação, fazer com que o agressor melhore. Nunca conseguem."

Eu disse que talvez eu também tivesse um nível de delírio de grandeza. Pensar que eu poderia ter evitado o que aconteceu. Que poderia ter resolvido a vida dela. Assim como penso que poderia resolver a vida de Quintana.

"É exatamente esse o meu ponto."

6 de setembro de 2000

O dr. MacKinnon perguntou como tinha sido meu mês de agosto. Respondi que vinha tentando escrever algo sobre a campanha e que estava tendo muita dificuldade de me interessar pelo assunto — até mesmo de me concentrar o suficiente para pensar, ou ler sem pegar no sono. E que você vinha tendo problemas parecidos com um romance. Na semana passada, no entanto, eu enfim conseguira me concentrar — e você resolvera o problema com o romance. E percebi que isso se devia, pelo menos em parte, ao fato de Quintana estar no Arizona.

"Vocês estavam livres de qualquer responsabilidade", disse ele. "Não tinham como controlá-la."

Respondi que sim, que isso certamente contribuía. E que, no meu caso, ia além. O tema sobre o qual eu finalmente havia decidido escrever tocava em questões relacionadas à "fé". O que me fazia lembrar de que eu não era uma pessoa muito espiritual. E de como eu me sentia em relação ao AA, à questão da "fé" no programa e à dificuldade que Quintana parecia ter em relação a isso. O problema, expliquei, era que eu entendia essa dificuldade.

"Minha percepção", comentou ele, "é de que qualquer sucesso ou fracasso que Quintana tenha na luta contra o alcoolismo não depende dessa questão."

"Você acha que depende de ela realmente querer parar", falei.

"De ela conseguir assumir esse compromisso", continuou ele. "Sem dúvida. Todo o processo dos Doze Passos — não são maneiras ruins de viver e não fazem mal a ninguém — é apenas uma forma de reforçar ou apoiar esse compromisso inicial. De dar ao alcoólatra um programa positivo para preencher o espaço que antes era ocupado pela bebida. Mas não é uma solução mágica. Não assume o compromisso pela pessoa. Quando você ouve alguém resistir ao AA — e a objeção mais comum tem a ver com "todo esse negócio de Deus" —, é preciso investigar o motivo da resistência. E, em todas as versões, sempre se resume ao fato de a pessoa não estar pronta para abrir mão do consolo que encontra na bebida."

Falei que agosto tinha sido um mês difícil para Quintana. Ela vinha recebendo bastante apoio do grupo do dr. Roscan, que, é claro, havia se dissolvido em agosto. O dr. Kass estava fora. A melhor amiga dela havia se mudado para Las Vegas. A situação profissional havia se deteriorado drasticamente, a ponto de, cerca de dez dias atrás, uma segunda-feira, ela simplesmente não ter ido trabalhar. Quando conversamos com ela por telefone naquele dia, não estava bêbada, mas demonstrara uma instabilidade e fragilidade emocional que tínhamos passado a associar à bebida.

Eu disse que esse único telefonema nos deixara desesperados. Naquele momento, não víamos uma resolução para o problema. Não estávamos recebendo dela qualquer sinal que indicasse uma determinação de sair desse ciclo. Àquela altura, não havia nem mesmo como conversar com ela a respeito. A única coisa que queríamos era tirá-la intacta da cidade. Sabíamos que ela ficaria melhor assim que se afastasse fisicamente do escritório. E, no entanto, nem mesmo no Arizona ela parecia ter — pelo menos não na única vez em que conversamos — uma visão clara da própria situação. Ela agia como uma criança. Não parava de repetir: "Mas Peggy vai ficar furiosa comigo". E não havia como convencê-la do contrário. "Que diferença isso faz", dizíamos, "você está planejando sair de qualquer maneira." E ela concordava. Então começava tudo de novo: Peggy ficaria furiosa com ela.

"Está claro que ela não suporta a ideia de que alguém fique chateado com ela", disse ele. "Ela transferiu completamente o sentimento de autoaceitação para outras pessoas."

Isso é óbvio, confirmei. Mas o que fazer em relação a isso? O dr. Kass conversa com ela sobre ser mais assertiva. Ela sabe que não há problema em ser assertiva. Mas não consegue ser. Tentei conversar com ela a respeito, antes da viagem para o Arizona. Qual é o problema em se impor?, perguntei. Ela respondeu que o dr. Kass achava que devia estar relacionado ao fato de ela não se sentir capaz de se afirmar quando criança, que talvez você ou eu, ou nós dois, desencorajássemos isso. E eu disse bem, pode ser, mas não estamos fazendo isso agora.

"Não", concordou ele. "Mas ela não consegue tirar essa imagem da cabeça. Ainda encara a situação de um ponto de vista infantil. É a isso que se resume a rebeldia adolescente, é esse o propósito, expulsar essas velhas imagens da mente. E ela não fez isso."

Eu disse que, esta semana, tive certa percepção sobre como talvez eu a tenha tratado quando criança. Contei a ele sobre pensar, quando soube que Nat Rich tinha tido uma hemorragia depois de uma tonsilectomia, que ele devia ter chorado demais. Logo em seguida, percebi que era por isso que eu achava que você, eu e Stephen tínhamos sangrado: eu tinha chorado, era minha culpa. Eu tinha quatro ou cinco anos quando isso aconteceu, mas essa ainda era a imagem que eu tinha.

"Alguém colocou essa imagem na sua cabeça", disse ele.

Ou eu mesma a inventei, sugeri.

"Com base em experiências anteriores", respondeu ele.

Continuei. Alguns dias depois dessa percepção, eu estava falando com a minha mãe e contei a ela que Quintana talvez mudasse de emprego, já que o atual, com a nova configuração, tinha se tornado improdutivo. A reação imediata da minha mãe foi: "É claro, ela falta muito".

"Em outras palavras, a culpa era dela, assim como o sangramento tinha sido culpa sua. Eu conheço muito bem esse padrão, porque cresci com ele. É assim que os protestantes criam os filhos. A fim de incutir a modéstia nas crianças — uma virtude cristã —, eles massacram a autoestima. A culpa é sempre da criança. Porque, se não fosse da criança, seria deles. Nesse esquema, tudo tem que ser culpa de alguém. Não há acidentes. Quando machuquei minha perna, no inverno, me culpei por isso.

Um dia, estava conversando com um colega, também psiquiatra, judeu. Ele olhou para mim e disse: 'Vocês realmente não se permitem acreditar em acidentes, não é?'. É uma forma de criar os filhos que só pode levar a dois resultados: rebeldia — o mais comum — ou dependência excessiva. E quando você contrapõe um filho adulto excessivamente dependente a pais superprotetores, o resultado é um impasse."

Eu disse que sabia que havia sido fisicamente superprotetora com Quintana. Desde muito pequena, ela era destemida, e eu a fiz ter tanto medo da água que ela demorou a aprender a nadar. Eu tinha muito medo de que algo acontecesse com ela.

"Eu me pergunto se esse medo extremo de que alguma coisa acontecesse com ela não teria algo a ver com certo sentimento de culpa por você não ter lhe dado atenção o dia todo, todos os dias. Não sei de onde vem essa culpa, mas sei, pelos seus relatos, que ela existe. Ser mãe, você sabe, não implica manter a criança em seu campo de visão a cada segundo do dia. Não é disso que se trata. Havia algo parecido na maneira como você foi criada?"

Respondi que era bem possível que sim. Disse que tinha percebido que, quando Quintana era pequena e eu a levava para Sacramento, toda a atenção se concentrava nela. Todas as conversas eram dirigidas a ela. Não conversávamos com outras pessoas.

"Conversavam, mas falavam por meio da criança."

Sim, confirmei. E imagino que fosse a mesma coisa quando eu era criança. Até mesmo a disposição das poltronas na nossa sala de estar reforçava isso. Papai fazia questão de que todas as poltronas e mesas ficassem encostadas nas paredes. Então, havia móveis alinhados ao longo das quatro paredes e um grande espaço vazio no meio. De preferência ocupado por uma criança.

"Deve ter sido uma maneira muito curiosa de crescer. Todo mundo falando com você, mas não de uma forma real. Eu me pergunto se não é por isso que, hoje, você não tem noção alguma do que seja uma conversa direta. Você se dirige a mim agora, mas não era assim quando nos conhecemos."

Respondi que pessoas tendo conversas diretas não tinham feito parte da minha experiência. Mas, de todo modo, achava essa questão interessante. O foco incomum que minha família — meu pai, em especial — colocava nas crianças. Só mais tarde — já adulta —, entendi que era incomum. E uma das razões para eu ter entendido foi porque você chamou minha atenção para isso. Mas talvez esse foco ainda persistisse na minha mente como o modelo de atenção que eu deveria dar a Quintana.

"E isso tem alguma relação, eu acho, com os sentimentos conflitantes que você tem agora. A culpa. E o ressentimento."

13 de setembro de 2000

Falei que tínhamos jantado com Quintana no sábado à noite. Que ela havia voltado na quinta, ido trabalhar e se consultado com o dr. Kass na sexta, e que, quando falei com ela ao telefone, parecia concordar com ele que deveria esperar pelo menos duas semanas antes de pedir demissão, planejar os próximos passos. No sábado à noite, no entanto, a parte de "planejar os próximos passos" tinha desaparecido da equação. Em vez disso, a mensagem era de que o trabalho tinha se tornado um "inferno" e que ela não conseguia fazer qualquer coisa além de contar os dias até se demitir. Eu disse que tínhamos achado isso desanimador. Que eu provavelmente tinha achado a noite mais desanimadora do que você — no início, você tinha achado que ela estava bem, mas então, de repente, tinha ficado negativa.

Eu disse que você e eu tínhamos conversado sobre a questão do apoio financeiro no dia seguinte. E tínhamos concordado com a sugestão dele de darmos a ela um montante único, certa quantia de dinheiro que ela herdaria de qualquer forma, mas que poderia ajudá-la mais neste momento.

"Ótimo. Vocês podem encarar isso como um auxílio. Um auxílio para essa fase da vida."

Eu disse que tinha de admitir que, de certa forma, isso me exasperava — não o dinheiro, mas ter que me preocupar com o que aconteceria quando o dinheiro acabasse.

"De novo, você está prevendo o pior. Não faça isso. Ela vai gastar o dinheiro com algo fútil, com certeza, mas depois vai aprender a direcioná-lo para o que precisa."

Eu disse que esta semana me pareceu que ela estava transferindo toda a responsabilidade pelo que acontecera com ela para nós, e talvez — quando estava com ele — para o dr. Kass.

"É claro que ela está", disse ele. "E, em contrapartida, você está aceitando."

Respondi que não estava aceitando. Era o que eu estava começando a perceber.

"Sim, você está", insistiu ele. "Talvez não o tempo todo, mas pelo menos de vez em quando. Em alguns momentos, você aceita e, em outros, talvez John aceite. Porque, toda vez que se sentem culpados em relação a ela — toda vez que se sentem, de alguma forma, responsáveis pelo que acontece ou deixa de acontecer com ela —, estão permitindo que ela transfira a própria responsabilidade para vocês. Eu sei perfeitamente que você, John ou ambos gastam um número considerável de horas por semana se preocupando com ela. Não se trata de uma percepção exclusiva minha, eu ficaria muito surpreso se todos os seus amigos também não soubessem disso. E o mais importante: ela sabe."

Eu disse que, na semana passada, ele e eu havíamos conversado sobre o medo excessivo que ela tem de as pessoas "ficarem chateadas com ela", que ela acreditava remontar ao medo que tinha, na infância, de que você ou eu ficássemos bravos com ela. Sobre como parecia incapaz de superar essa interpretação infantil. Na cabeça dela, ela era sempre "vítima" de outras pessoas. Eu disse que sabia que ela e o dr. Kass tinham conversado sobre essa tendência de se vitimizar — eu só sabia porque, às vezes, quando estava de bom humor, ela fazia piada com isso, dizendo coisas como: "Lá vou eu de novo, me vitimizando". Esta semana, me ocorreu que a razão pela qual ela não conseguia superar isso — não conseguia, de fato, amadurecer — era porque obtinha algum proveito psíquico disso.

"É evidente que sim", disse ele. "Isso permite que ela culpe vocês. E toda vez que assumem uma responsabilidade que é dela, ela pode culpá-los ainda mais. O que quer que aconteça com ela tem que ser culpa de vocês, já que foram vocês que tomaram as decisões, vocês deveriam ter protegido ela, ela é sua responsabilidade. Crianças pequenas não se preocupam consigo mesmas porque esperam que os pais as protejam. Parte do amadurecimento consiste em perceber que os pais não podem nos proteger sempre. Ela se recusa a lidar com isso."

Perguntei como poderíamos ajudá-la.

"Parando de se preocupar tanto com ela. Sua filha apresenta um vácuo decisório. O instinto natural é ocupá-lo — tomar as decisões por ela —, mas não façam isso. E deixem claro que não estão mais tão preocupados com ela. Façam-na começar a dar alguns passos sozinha. Não se preocupem com os erros — embora seja o seu instinto. Se ela tomar uma decisão equivocada, não ajam como se fosse o fim do mundo. Suponhamos que ela cometa um erro. E então diga a vocês: por que não me alertaram, por que não me impediram? Nesse momento, não recuem nem se sintam culpados. É uma grande oportunidade de aprendizado. Digam a ela que vocês não têm todas as respostas, que o julgamento dela vale tanto quanto o de vocês, deixem claro que não estão tentando protegê-la porque sabem que nem sempre vão poder fazer isso."

Eu disse que, semana passada, ele havia sugerido que eu a havia superprotegido porque, em algum nível, me sentia culpada por não ter dedicado a ela toda a minha atenção, que, em algum nível, eu tinha uma ideia peculiar do que era ser mãe. Comentei que isso me surpreendeu, porque, como já tinha lhe dito muitas vezes, nunca me senti culpada por trabalhar.

"Eu disse na semana passada que não estava me referindo ao seu trabalho. Havia algo mais que você sentia que não estava dando a ela."

Contei a ele que meus pais, cada um à sua maneira, haviam deixado claro que não me consideravam uma mãe presente o bastante, que era ausente, dependia demais da ajuda dos outros, não dava atenção suficiente etc. Eu disse, no entanto, que nunca achei que isso me afetasse, porque já fazia tempo que meus pais tinham perdido a capacidade de fazer eu me sentir culpada.

"Eles praticamente esgotaram essa capacidade, imagino. Mas algo dessa culpa ainda afeta você."

Perguntei se ele queria dizer que eu a havia superprotegido não apenas porque tinha medo de perdê-la, mas também porque isso me qualificaria como uma mãe adequada.

"Eu tenho certeza de que a culpa desempenhou um papel importante na sua estratégia de criação."

Respondi que sabia que me sentia culpada por pequenas coisas (os dias de visita na escola, as apresentações de final de ano etc. etc. etc.), coisas às quais você não dava a mínima importância.

"É o que o dr. Kass acha. Com base no que Quintana conta. Ela não acha que John a superprotegeu. Mas que você, sim. Então ela fica com raiva de você por tê-la superprotegido e com raiva de John por não ter feito o mesmo."

Perguntei como ela poderia ficar com raiva de você por não a ter superprotegido.

"Ela acha que ele ficava mais bravo com ela do que você. Pavio mais curto."

Comentei que, de fato, você tinha um temperamento mais explosivo. Você ficava com raiva e expressava isso, eu ficava com raiva e me retraía. Era assim que funcionávamos.

"É assim que a maioria das famílias funciona. Como você reagia quando ele ficava bravo com ela? A atitude instintiva, que é a atitude errada, é a mãe intervir para defender a criança."

Eu respondi que achava que esse tinha sido meu instinto.

"É o que as mães fazem no reino animal. Mas nós evoluímos. Há uma linha muito tênue. Uma linha difícil de seguir. Naturalmente, o instinto materno é querer transmitir empatia ao filho, fazê-lo saber que não está sozinho e que ela, a mãe, vai protegê-lo. Mas a criança, que interpreta equivocadamente a raiva temporária do pai como algo perigoso, vê a defesa da mãe como uma confirmação desse equívoco: há um perigo aqui, sem mim você estaria indefesa. A dinâmica mais bem-sucedida é quando a mãe consegue transmitir algo leve, algo do tipo 'olhe, você sabe como ele é, isso vai passar', em outras palavras, quando faz a criança entender que não há perigo. Você deveria ter conseguido fazer isso, porque teve uma figura paterna com a qual podia contar."

Perguntei se ele estava se referindo ao meu próprio pai.

"Minha impressão é que, sim, você podia contar com o seu pai."

Respondi que sim, que podia contar com ele. Quando criança, eu também achava que ele estava sempre bravo comigo, e isso me deixava chateada, mas não parecia ter tido um efeito duradouro. Embora, mais tarde, minha mãe tenha me contado que, depois da Segunda Guerra Mundial, ela quis se divorciar, e a razão para tal era que, durante aquele período, ele se enfurecia constantemente comigo e com meu irmão. Ele dizia, ela me contou, que eu deixava gavetas abertas de propósito só para irritá-lo.

"Foi um período muito difícil para muitas famílias. A readaptação não foi fácil."

Eu disse que não tinha sido nem um pouco fácil para minha família, em parte porque estávamos morando com minha avó.

"Muitos homens voltaram para casa e sentiram que não tinham mais lugar na própria família."

Eu respondi que achava que tinha sido muito difícil para papai. Para começar, ele já tinha uma tendência depressiva. Voltara para casa e se deparara com uma situação que fora concebida de forma a não ter lugar para ele. Meus avós basicamente viviam separados. Então, havia aquele pequeno mundo autossuficiente de mulheres e crianças, funcionando perfeitamente bem sem ele. E minha mãe não deve ter sido uma pessoa fácil de lidar. Ela ficava constrangida com qualquer demonstração de afeto. Não gostava de ser tocada. Muito tempo depois, ela me confessou que "nunca gostou dessa parte do casamento", ou seja, do sexo. Eu lembro que, logo depois da guerra, papai comprara um chapéu para ela, um chapéu muito glamoroso, de estrela de cinema, com aba larga e um véu de renda preta. Ela o devolvera à loja.

"Espero que possamos continuar esse assunto na semana que vem. Começar a tentar entender como seus pais se sentiam — e como você se sentia em relação a isso — é meio caminho andado para entender como você se sente em relação aos próprios filhos."

20 de setembro de 2000

Primeiro, falamos sobre o jantar com Quintana na segunda-feira, que, de acordo com ela, seria para "discutir meu plano". Eu disse que nós dois estávamos apreensivos sobre como conduzir aquele jantar, já que nossa conversa anterior sobre o plano dela parecia não ter dado em nada. No domingo à noite, nós dois tínhamos sonhado com isso — você com como conduzir a situação, eu com ter uma criança pequena entregue aos meus cuidados que, de repente, tinha um acesso de fúria extrema e inexplicável direcionado a mim.

Em algum momento na segunda-feira, contei, já exaustos diante da perspectiva do jantar, que tínhamos conversado sobre como lidar com a situação e decidimos, na verdade, não lidar com ela. Fazer como ele e eu havíamos conversado. Apenas ouvir. Adotar a abordagem de que tudo ia se resolver. Foi o que fizemos. E funcionou: ela nos contou que pretendia se demitir na sexta, e nós dissemos que achávamos que era um bom plano. Depois, conversamos sobre a melhor maneira de fazer isso, sem entrar em detalhes sobre seus planos futuros. Tentamos transmitir a mensagem simples de que a apoiávamos incondicionalmente, e a reação dela, tanto naquela noite quanto depois, foi positiva.

No fim das contas, continuei, ela acabou se demitindo ontem, porque Peggy Russell tinha forçado a mão mais uma vez. Primeiro, ela havia perdido a sala, depois os projetos de fotografia, depois a assistente. Por fim, ela foi informada de que a nova assistente que havia sido instruída a contratar e treinar não seria nem mesmo dela, mas do diretor de arte. Então Peggy disse que ela não parecia feliz, e Quintana respondeu que não, de fato não estava feliz, e pediu demissão. Era óbvio, disse eu, que Peggy estava tentando fazer com que ela se demitisse.

"Do ponto de vista financeiro, teria sido muito melhor se ela tivesse feito essa mulher demiti-la", observou ele.

Respondi que esse foi exatamente o motivo de nosso jantar anterior ter fracassado. Nós havíamos insistido nisso, e ela parecia não conseguir entender. Eu disse que ela não sabia jogar esses jogos.

"É evidente", disse ele, "que ela estava avaliando a situação de acordo com o próprio ego. Achava que não suportaria o golpe desferido ao ego dela se fosse demitida. Isso a faria se sentir mal."

Respondi que, na verdade, tanto o dr. Kass quanto nós — em um momento do ano passado, quando ela estava hospitalizada e queria pedir a Marian que a demitisse — a aconselhamos a não fazer isso, pois a faria "se sentir mal".

"De certa forma, ela ainda pensa assim", continuou ele. "Mas também sabe que, nessa nova situação, eles *queriam* demiti-la. Então, está se sentindo mal de qualquer maneira. O pior dos dois mundos. Ela se sente como alguém que foi demitida, mas não teve direito aos benefícios. E você, como se sente? Tenho a impressão de que você gostaria de ter conseguido convencê-la a jogar o jogo de forma inteligente."

Respondi que sim, é claro.

"E se sente culpada por não ter conseguido. Por que você se sente culpada?"

Eu respondi que me sentia culpada porque não tinha conseguido ensiná-la a agir de forma inteligente nesse tipo de situação. Entre outras coisas que não consegui lhe ensinar.

"Não vejo como você poderia ensinar-lhe algo que você mesma não sabe", rebateu.

Eu disse que, na verdade, sabia. Talvez não soubesse quando tinha vinte e poucos anos — de fato, não sabia, nunca joguei o jogo de maneira inteligente na *Vogue*, e não me importava —, mas se teve algo que trabalhar na indústria cinematográfica me ensinou foi a jogar duro.

"Me dê um exemplo", pediu ele.

Contei a ele sobre nossa saída de *Nasce uma estrela*.*

"Em situações como essa, você tem a orientação de um advogado. Ela, não. Mais importante ainda, há camadas de advogados e agentes entre você e o problema. Você não precisa entrar em um escritório todos os dias sozinha e desempenhar um papel. Você joga duro, mas de uma posição protegida. Duvido muito que você conseguisse

---

* Didion e Dunne escreveram os três primeiros rascunhos do que se tornaria o roteiro da versão de 1976 do filme *Nasce uma estrela*, estrelado por Barbra Streisand. Outros roteiristas trabalharam no filme depois que eles deixaram o projeto, mas Didion e Dunne mantiveram o crédito e uma parte dos royalties das músicas e dos discos. Streisand ganhou um Oscar de Melhor Canção ("Evergreen") e a trilha sonora vendeu mais de 8 milhões de cópias em todo o mundo.

negociar esse tipo de situação cara a cara. Você não é uma negociadora. Na verdade, é evidente que você não tem as habilidades necessárias para lidar com outras pessoas. Tem medo delas. Não muito diferente de Quintana. No seu caso, você resolve o problema mantendo distância. Ela não tem essa opção."

Reconheci que isso era verdade.

"O fato de você não saber negociar não é culpa sua. As pessoas aprendem a negociar na infância. Quando ainda são muito pequenas. Ou não aprendem. Aprendem negociando com os próprios pais. Ou aceitam que têm pais com quem não é possível negociar, onipotentes. Se submetem. Podem até se ressentir, mas fazem o que os pais querem, sem questionar. Chegam a prever a vontade deles."

Comentei que nunca houve negociação entre Quintana e nós dois.

"Como poderia haver? Você não foi educada para negociar. E eu arriscaria dizer que John também não. Naturalmente, criaram sua filha da mesma forma. Esses padrões se repetem por gerações. Muitas vezes, chega a um ponto em que os filhos que não sabem negociar decidem que não podem mais se dar ao luxo de corresponder a essas expectativas antecipadas. Continuam não negociando. Não sabem como fazer. O padrão, nesse momento, é sair de cena, fechar a porta. Pelo que me disse, era isso que você fazia. E continua fazendo. O que estou tentando dizer é: não seja tão dura consigo mesma. O que quer que não tenha conseguido ensinar a Quintana foi porque alguém deixou de ensinar a você primeiro. Você não é onipotente. Seus pais também não. Não se pode ensinar aquilo que não se sabe."

Eu disse que nosso próximo jantar com ela estava sendo encarado como uma comemoração. Eu esperava que ela nos desse pelo menos uma ideia do que pretendia fazer, mas não íamos perguntar.

"Não perguntem. De jeito nenhum. E se ela perguntar 'o que vocês acham que eu devo fazer agora', não aproveitem a oportunidade. Respondam que não têm como saber o que ela deve fazer. A única coisa que sabem é o que vocês devem fazer: ouvi-la. Ela conhece o mundo em que está inserida, sabe o que quer. Além disso, acho que seria bom para ela ouvir vocês dizerem que entendem por que ela escolheu ter a sensação de controle que o pedido de demissão proporcionou. Entendem que ser demitida teria significado, para ela, uma perda de controle, quaisquer que fossem os possíveis benefícios. Seria uma maneira de lhe ensinar algo sem que ela perceba que há algo sendo ensinado. Pode ser que, mais adiante, ela se dê conta de que pode haver benefícios em não agir movida pela emoção, que no futuro talvez seja melhor negociar. Quando os filhos chegam a essa idade, é preciso ensinar as coisas de maneira indireta, mas ainda assim é possível ensinar. Às vezes, acho que um dos meus poucos sucessos com minha filha foi resultado de uma manobra indireta. Eu estava ajudando-a com um dever de casa de álgebra, e ela me fez uma pergunta que eu não sabia responder. Então, para disfarçar, eu disse 'vamos voltar algumas páginas'. Eu estava só ganhando tempo. E eis que, enquanto eu protelava, ela mesma encontrou a resposta, e me achou muito inteligente por tê-la ajudado a encontrá-la."

Eu disse que meus próprios esforços para ajudar Quintana com os deveres de casa — que eram extensos — provavelmente, em retrospecto, também se baseavam em assumir o controle, mostrar a ela como fazer, em vez de incentivá-la a descobrir por conta própria.

"Ensinar é algo que pouquíssimos pais sabem fazer. Agora está na moda educar os filhos em casa. Não faço ideia de como esses pais conseguem. Além disso, é uma péssima ideia, porque uma parte importante da vivência escolar tem a ver com o desenvolvimento de habilidades sociais."

Eu disse que achava que um dos motivos pelos quais minhas próprias habilidades sociais eram pouco desenvolvidas devia-se ao fato de, quando criança, ter frequentado muitas escolas diferentes e, em alguns anos, nem sequer ter ido à escola. Assim, eu era sempre a garota nova, deslocada e em todas as circunstâncias, de início, um pouco atrasada.

"Isso é muito traumático."

Eu disse que não considerava um trauma, mas que tinha sido um fator importante.

"É um trauma. Você passa por períodos sucessivos em que não tem amigos, não é convidada para nada. Isso é traumático para uma criança. A menos que a criança já esteja tão traumatizada que só se feche. Acho que os pais não percebem isso."

Eu disse que meus pais haviam lidado com isso de uma forma que só intensificou minha não aquisição de habilidades sociais — sugerindo que amizades não tinham valor, que eu era melhor do que qualquer pessoa de quem eu quisesse ser amiga.

O que trouxe à tona, falei, algo que queria perguntar a ele. Na semana passada, ele tinha dito que era importante tentar compreender o ponto de vista dos próprios pais.

"Para entender de onde veio seu próprio ponto de vista, sim."

Ele queria dizer, perguntei, que quando compreendemos nossos pais, entendemos as exigências que acreditávamos que eles impunham e, efetivamente, os "perdoamos"? E que esse seria o momento em que amadurecemos emocionalmente?

"Esse é o momento em que você se torna uma pessoa integrada, sim. O momento em que deixa de se sentir culpada por não ter correspondido ao que imaginava serem as expectativas dos seus pais. E, além disso, o momento em que deixa de se sentir culpada pelas suas falhas em relação à sua filha. Você começou a se consultar comigo em um momento de crise. A crise tinha a ver com sua relação com sua filha. Você foi encaminhada para mim porque eu entendo o tipo de crise em que você está e também porque sou mais velho. Você nunca poderia ter se tratado com um psiquiatra mais jovem. Teria percebido que ele ou ela não tinha a experiência que você tem. Jovens se dão muito bem com psiquiatras jovens. Pessoas como você, não. O que estamos tentando fazer aqui é fazer com que você chegue a um ponto em que consiga se libertar dessa culpa. Você e Quintana foram, por muito tempo, duas pessoas no mesmo corpo. Você interpretava qualquer fracasso dela como um fracasso seu. E esse era um fardo pesado demais para você. Assim como a responsabilidade pela sua felicidade era um fardo pesado demais para ela."

Contei que, em algum momento na semana passada, tive um sonho em que estava em Broadmoor com Quintana e que ela estava bebendo. A questão não era o sonho em si. A questão foi que, quando acordei, comecei a pensar e me dei conta de que vinha sonhando com Quintana bêbada ou tendo uma overdose desde que ela era criança. Quando isso nem sequer era uma questão. O que me fez pensar se essa tendência de sempre antecipar o pior, no caso de Quintana, não teria acabado se tornando uma profecia autorrealizável.

"Não. Você não desejou nem provocou a situação em que ela se encontrava no ano passado. Você não fez isso, não tem como controlar isso. Mas seria interessante investigar de onde esses sonhos de fato vieram."

27 de setembro de 2000

Eu disse que havia refletido muito sobre a questão que ele levantara na semana passada, sobre o fato de eu esperar ou querer que Q conseguisse fazer coisas que eu mesma não conseguia fazer — que ela fosse, em última análise, a pessoa que eu não conseguia ser. Isso tinha me interessado em vários níveis. No primeiro, todos conhecemos pais cujas aspirações pessoais parecem depender do desempenho dos filhos — a fixação com "estudar em Harvard" sendo o exemplo mais óbvio. Eu sempre desprezei profundamente esse tipo de coisa, até me orgulhava de eu mesma não tê-lo feito. Nós não tínhamos feito isso, nenhum de nós dois. Esse tipo de conquista não era importante para nós. Mas, em algum nível, eu tinha feito — não daquelas maneiras óbvias, mas fiz, mesmo assim. Em algum nível, eu tinha até mesmo consciência de que estava fazendo — me lembro de pensar: que maravilha, ela é adotada, não herdou as minhas limitações, pode ser qualquer coisa que ela e nós quisermos que ela seja.

Então, continuei, pensei mais a respeito. E me ocorreu que, se de fato eu vinha pedindo a ela que fosse a pessoa que eu não conseguia ser, estava fazendo com ela exatamente o que meu pai fazia comigo. Uma das grandes provações da minha infância era ir visitar parentes com meu pai, o que fazíamos o tempo todo. E era ainda mais penoso quando visitávamos a família materna dele, que tinha um estilo muito gregário e barulhento. Sempre havia alguém sentado ao piano e cantando, se apresentando. Muitas piadas. A prima com idade mais próxima desse lado da família era sempre descrita em tom de aprovação como "um verdadeiro furacão", ou "essa Patsy, ela é uma espoleta". Eu, por outro lado, era extremamente tímida, muito retraída, mesmo nos meus melhores momentos, e a exposição a essa família me deixava quase paralisada. Mal conseguia falar. O que enfurecia meu pai. O trajeto para a casa da minha tia era sempre uma tortura, com instruções e advertências na ida e recriminações na volta. Por que eu não respondia? Por que não era mais como Patsy? Olhe só a Patsy, ela sabe lidar com uma brincadeira. Na época, minha mãe sempre dizia: "Não entendo por que ele quer que você seja assim, se ele mesmo não é", mas até esta semana eu nunca tinha entendido isso por completo. Ele também era extremamente tímido. Também era retraído. No entanto, quando a mãe dele morreu, ele foi acolhido por essa família. Eles praticamente o criaram. E, de certo modo, ele sempre deve ter se sentido da mesma forma que eu me sentia.

"Ele sempre se sentiu um intruso", observou o dr. MacKinnon. "Não queria que você fosse uma. A timidez é hereditária, sabia? Meus colegas que trabalham nessa área demonstraram que a timidez se mostra já nas primeiras horas de vida. Quando você toca um bebê tímido, ele se encolhe ou se retrai. Isso está na configuração neurológica. Sem dúvida é algo herdado."

Então, como Quintana a herdou?, perguntei.

"Em primeiro lugar, não tem como você saber o que ela herdou. Em segundo lugar, quando você cuida de uma criança desde o nascimento, uma parte da sua configuração neurológica acaba sendo incorporada ao bebê. Os bebês nascem com tendências genéticas, mas o ambiente em que vivem nos primeiros anos contribui para determinar seu desenvolvimento final. Há uma certa área em que a diferença se torna imperceptível."

Mas tem outra coisa, falei. Voltando um pouco. Se era isso que eu estava fazendo em relação a Quintana, então eu estava transmitindo a ela o mesmo sentimento de decepção que meu pai transmitiu a mim?

"Se esse era o caso, não podia evitar. Não estava fazendo de propósito, não estava tentando magoá-la. Assim como seu pai não estava tentando te magoar."

Contei que tínhamos jantado com Quintana no fim de semana e depois conversado com ela por telefone. Durante o jantar, ela havia confessado que ainda não estava "se sentindo tão bem" quanto achara que se sentiria depois de pedir demissão, que "ainda não tinha processado aquilo". Na hora, deixei passar — não quis insistir e fazer com que sentisse que estávamos, de algum modo, nos unindo contra ela —, mas quando nos falamos ao telefone e ela expressou um sentimento semelhante, sugeri que talvez ainda estivesse traumatizada demais com tudo o que aconteceu para conseguir se ocupar do que fazer em seguida. E que a sensação de euforia ou liberdade só viria de fato quando ela tivesse processado tudo aquilo e começado a trilhar um novo caminho.

"Ótimo. Isso foi importante, vai permanecer com ela. Porque você se expressou de forma empática. E não de uma maneira que ela poderia interpretar como crítica."

Eu disse que nós duas iríamos à Bênção dos Animais na St. John the Divine no domingo e que eu tentaria conversar mais com ela sobre isso.

"Só mantenha a abordagem empática. Não cometa o erro de dizer a ela o que fazer, o que deveria estar fazendo. Você não vai ensinar nada dizendo a ela o que fazer. Tentar ensinar dessa forma é algo muito difícil de evitar. Não fazer isso parece contraintuitivo. Parece contraintuitivo. Ou seja, vai contra a maneira como nós mesmos fomos ensinados. Essa é uma das coisas mais difíceis de aprender durante a formação em psiquiatria. Diversas vezes, quando estava em formação e tinha que apresentar meus estudos de caso, eu via os erros que havia cometido na entrevista. Eu tinha tentado dizer ao paciente o que fazer. E o paciente tinha se fechado."

Comentei que também vinha pensando nos motivos pelos quais Quintana não tinha desenvolvido autoestima ou a tinha perdido. Tiveram momentos em que a experiência escolar provavelmente contribuiu para que ela se sentisse inadequada. Contei a ele sobre a dificuldade que ela teve com leitura/interpretação, que a havia atrasado quando ela começou a estudar em Westlake. Depois, ela aparentemente superou, entendeu tudo e, quando estava no último ano, parecia estar indo bem. Contei a ele sobre a conversa que tive hoje de manhã com Dorothy LoCastro, e que Dorothy disse que não via uma maneira de incutir autoestima em uma menina de treze anos.

"Não há", concordou ele. "Nem em um garoto de treze anos. É sofrido. Mas melhora. Como você mesma disse que melhorou para Quintana. Sempre melhora por volta dessa idade."

Depois, falei, eles vão para a faculdade e ficam sem rumo de novo. Eu disse que havia me convencido de que, a menos que um jovem esteja profundamente comprometido com alguma disciplina, a faculdade é uma péssima, péssima ideia.

"Eu não poderia discordar mais. A faculdade é, ou deveria ser, sobre descobrir o mundo. Sempre foi assim, principalmente quando há um ciclo básico robusto. Você descobre coisas novas. Eu não tive essa experiência. Eram tempos de guerra, entrei para a Marinha e cursei o ciclo básico e a faculdade de Medicina ao mesmo tempo. Tudo em dois anos. Era um programa acelerado para formar médicos para a Marinha. Estudei em Princeton, mas não vivi a experiência de Princeton. Comíamos rações da Marinha em bandejas de metal da Marinha. Nunca fiz uma aula de história ou de literatura ou de qualquer outra disciplina que não fosse aplicada ao treinamento médico. Sinto falta disso agora. Principalmente quando viajo. Percebo que não sei nada."

Expliquei que Quintana não foi para uma faculdade com um ciclo básico robusto, se é que havia algum. Ela estudou dois anos em Bennington, depois pediu transferência para Barnard, mas, a essa altura, o dano já havia sido feito.

"O ambiente mais desestruturado possível. Ela era o exemplo clássico de candidata errada para Bennington ou Sarah Lawrence, com base no que sei sobre ela."

Eu disse que parte disso tinha sido culpa minha. Eu mesma queria ter estudado em Bennington, mas meu pai não deixou. Então, quando ela estava no ensino médio, eu a incentivei a participar de um programa de verão lá, e ela adorou. Todas as garotas usavam *collants*, fumavam e liam Sartre, que adolescente do ensino médio não ia gostar. Então, quando chegou a hora dos processos seletivos das faculdades, a orientadora educacional insistiu em direcioná-la para lá. As notas dela no vestibular tinham sido baixas. A orientadora insistira que ela não conseguiria passar para outra faculdade. O que, mesmo na época, duvidávamos que fosse verdade — ela tinha outras coisas a seu favor —, mas Quintana escolheu o caminho mais fácil e se inscreveu para a matrícula antecipada.

"Ela poderia ter passado para a maioria das faculdades do país. É claro que tinha outras coisas a seu favor. Mas não acreditava em si mesma."

Eu disse que, depois de dois anos, a tiramos de lá. Tentamos mandá-la para a Europa. E, enquanto pesquisava sobre o continente, ela descobriu Barnard e decidiu que "tinha que ir para lá". Isso foi ótimo, mas nos deixou muito chateados — em parte, com nós mesmos —, por conta da experiência em Bennington.

4 de outubro de 2000

Eu disse que Q e eu tínhamos ido à Bênção dos Animais no domingo. Que tinha sido muito bonito, teatral, exaustivo e, de certa forma, muito perturbador e angustiante, algo que eu não conseguia tirar da cabeça. Em determinado momento durante a cerimônia, tinha ficado com medo de que as fitas pegassem fogo por causa das velas, que começasse um incêndio e ficássemos presas. Havia um ar pagão. A música. A multidão. Os animais dentro da catedral. A reação de Quintana me surpreendeu. Ela pareceu desconfortável com certos aspectos da situação — a resposta emocional à missa, as mãos dadas, a entrega expressiva. Essa inquietação ou timidez era algo que eu não esperava nessa situação específica. Eu disse que uma leitura em particular havia me marcado. Era uma parte do Evangelho que eu sempre detestei intensamente — a parte "olhai para os lírios do campo, como eles crescem; não trabalham nem fiam" —, porque sempre me pareceu minar tudo aquilo que fazia o mundo funcionar, na minha concepção. Mas, dessa vez — talvez por se tratar de uma nova tradução —, reparei nos dois versículos finais. "Não vos inquieteis, pois, pelo dia de amanhã, porque o dia de amanhã cuidará de si mesmo. Basta a cada dia o seu mal."

Então, eu disse, percebi que era isso que eu fazia. Eu me preocupava com o amanhã. Esperava o pior desfecho possível.

"Exatamente", disse ele. "Desde a primeira infância. Na sua cabeça, a preocupação está misturada com o amor. Você acha que não é possível amar sem se preocupar."

Eu disse que gostaria de acreditar, no que diz respeito a Quintana, que minhas preocupações eram infundadas.

"Você não precisa acreditar que elas são infundadas. Precisa se perguntar a que propósito elas servem. Não podem ajudar Quintana, então estão ajudando você? Ao que tudo indica, a única coisa que suas preocupações estão fazendo é atrapalhar vocês. Você não pode fazer por ela o que ela tem que fazer por si mesma. Existe uma coisa no mundo chamada manutenção preventiva. Você faz isso na sua casa, faz isso com a sua saúde. As pessoas que não fazem acabam tendo problemas muito maiores. Há um tipo de personalidade, entretanto, na qual a manutenção preventiva domina. Essas pessoas estão sempre pintando a casa. Estão sempre preocupadas com algo que supostamente deixaram de fazer. Você é assim. Seus pais se preocupavam com você?"

Eu respondi que supunha que sim, mas não sabia.

"Quando esse padrão está presente, ele persiste na vida adulta."

Eu disse que, de fato, meus pais pareciam estar constantemente preocupados comigo quando eu já era adulta, então talvez tivessem agido da mesma forma quando eu era criança. Mencionei que não gostavam que eu dirigisse e que papai dormia na sala quando eu estava em Sacramento. Que, deixando isso de lado, falei, eu percebia que era fundamental que eu superasse esse padrão de preocupação, de obsessão com alguma possível catástrofe. Eu disse que, na verdade, isso levou a uma briga esta semana entre nós dois, de um tipo e de uma intensidade que não tínhamos desde os primeiros anos de casados.

"Como começou?"

Respondi que foi quando expressei em voz alta, durante o jantar, minha preocupação com nossa viagem a Paris em novembro. Se Quintana realmente iria querer ir, ou se conseguiria ir etc.

"Prevendo o pior?"

Sim, respondi.

"Então que rumo a discussão tomou?"

Ladeira abaixo, falei.

"Ele achou que você não estava levando em conta o que ele pensava, queria ou o que o preocupava?"

Isso resume bem, respondi.

"Você não estava. Ele está tão preocupado quanto você, mas reconhece que vocês dois têm uma vida para viver. Você já pensou em dizer: 'Não importa o que Quintana queira, você e eu precisamos viajar, vamos para Paris sozinhos'?"

Era isso que eu estava pensando, respondi, mas não cheguei a dizer.

"É óbvio que sua família estaria muito melhor se todos — você e Quintana, em especial — realmente dissessem o que pensam. Se você perceber qualquer sinal de que Quintana está resistente a essa viagem, acho que sua resposta deve ser: 'Faça o que quiser, o seu pai e eu vamos fazer o que nós quisermos'. Ela consegue lidar com isso. Está muito melhor, sabe. Muito mais forte. De acordo com o dr. Kass, ela não está mais tão frágil quanto antes, nem de longe."

Eu disse que achava que nós dois estávamos, naquele momento, extremamente frustrados por não saber quais passos ela pretendia dar em seguida, e ainda mais frustrados pelo esforço de não perguntar, de não fazer planos por ela.

"Não façam planos por ela."

Falei que sabíamos disso, mas era difícil. Por exemplo, eu havia comprado uma revista que achei que poderia ser um mercado possível para ela. Mencionei a revista para ela da maneira mais casual possível — mencionei também que a editora era uma conhecida nossa, que a conhecia e que era do AA. E ela disse que sim, que conhecia a revista e que, na verdade, já havia fotografado para eles. O que ela não disse — nem sequer reconheceu quando mencionei — foi que talvez fosse uma boa ideia entrar em contato com essa revista.

"Deixe isso para o dr. Kass. O dr. Kass é muito, muito bom em guiá-la nesse tipo de conexão. Nesse tipo de plano, por assim dizer."

11 de outubro de 2000

Eu me sentei e logo comecei a chorar.

"No que você está pensando?", perguntou o dr. MacKinnon.

Respondi que não sabia. Eu raramente chorava. Na verdade, nunca chorava em momentos de crise. Mas achava muito difícil me sentar de frente para alguém e falar.

"É claro que você não chora em momentos aleatórios do dia. Quem quer que estivesse por perto acharia que você os estava acusando de tê-la magoado de alguma forma. Se sentiria culpado. Mas isso aqui não é um momento aleatório do seu dia. Eu não me sinto culpado. Está sendo mais difícil falar hoje?"

Respondi que não, que era difícil todos os dias.

"Mas você mencionou isso hoje."

Eu disse que mencionei isso porque me pareceu dramático o fato de eu ter me sentado e minha primeira reação (a nada além do silêncio dele) ter sido o choro. Considerando o fato de que, na verdade, eu me sentia muito bem — como se talvez fosse conseguir ver a luz do dia pela primeira vez em muito tempo —, só podia concluir que estava achando quase impossível ser forçada a me expressar.

"Quem está forçando você?", perguntou ele.

É para isso que estou aqui, respondi. Não posso só ficar sentada aqui em silêncio.

"Você pode, se quiser", disse ele. "Mas acho que seria melhor pensar no que essas lágrimas estão expressando.

Lágrimas expressam muitas coisas, principalmente em pessoas cujos sentimentos estão tão próximos da superfície quanto os seus. Elas podem expressar alívio, alegria e todo tipo de emoções complicadas. Você disse que estava sentindo que talvez conseguisse ver a luz do dia."

Falei que havia vivenciado — ontem mesmo — uma espécie de epifania quanto ao que eu poderia fazer em seguida. Eu havia terminado o longo ensaio sobre política que estava escrevendo. Estava pronto, eu o tinha visto publicado no fim de semana. Então, a questão sobre o que fazer em seguida — uma decisão que eu vinha adiando, evitando enfrentar — se tornara urgente. Em algum momento ontem, me ocorreu que eu poderia pegar alguns textos longos que tinha escrito sobre a Califórnia e usá-los — um deles em particular — como notas para um ensaio ampliado ou até mesmo um livro sobre a Califórnia. Esses textos tratavam de temas nos quais eu havia pensado muito ao longo do ano — há anos, na verdade, mas neste em especial, porque as atitudes implícitas neles tinham sido coisas sobre as quais conversamos o ano inteiro. Por exemplo, a história fundamental da travessia — a redenção pela sobrevivência, a redenção com que propósito, o niilismo. As fábulas e a confusão que engendravam.

"Vejo isso como algo empolgante", disse ele. "Libertador. Eu poderia argumentar que você entrou aqui, se sentou e, pela primeira vez, se sentiu livre o suficiente para chorar, lágrimas de alegria. Você encontrou algo que achou que poderia realmente a motivar, permitir que você deixe as preocupações de lado. Que era o que você precisava fazer ao longo de todo este ano. Essa era a coisa mais clara a seu respeito. Você precisava trabalhar, e trabalhar com propósito. Isso não é egoísmo. É crucial para sua sobrevivência."

Eu disse que, para todos os efeitos, havíamos deixado a indústria cinematográfica. Tínhamos nos inclinado nessa direção o ano todo, mas finalmente o impulso se tornou crucial.

"Uma das primeiras coisas que me lembro de você ter me contado foi sobre uma reunião na Califórnia que a deixara chateada e deprimida. Obviamente, quaisquer que fossem as razões — algumas das quais certamente tinham a ver com o direcionamento da indústria para os jovens —, não estava ajudando sua situação."

Apenas monetariamente, falei. E isso seria algo que teríamos que entender, enfrentar.

"Você é muito forte. Vai se surpreender com o que é capaz de enfrentar se estiver fazendo algo que realmente deseja fazer."

Eu disse que tínhamos nos encontrado com Quintana na sexta-feira à noite, seu último dia de trabalho. Ela havia se atrasado para o jantar e entrado no restaurante um pouco aflita. Nós dois tivemos a impressão de que talvez ela tivesse bebido, mas não tínhamos certeza. De qualquer forma, ela não nos disse nada sobre o que planeja fazer. Em vez disso, ela nos contou que estava saindo com alguém de quem gostava muito, alguém que havia conhecido em uma reunião do AA. A reunião foi a parte encorajadora.

Ele tinha quarenta e oito anos. Tinha três filhos de dois casamentos. Isso, por si só, não me preocupou. O que de fato me preocupou, de maneira insistente, foi o fato de que esse súbito envolvimento com um homem mais velho me lembrava muito um envolvimento que ela tinha começado no exato momento em que havia deixado um emprego anterior para se dedicar à vida de freelancer. Havia um temor de que a energia de que ela precisava para encarar essa nova vida fosse direcionada para o relacionamento, que, como no primeiro caso, esse envolvimento funcionasse, também agora, como uma fuga.

"Isso me parece bastante possível, mas espero que você nunca transmita essa preocupação a ela."

Eu disse que não tinha transmitido, e que não ia fazer isso, mas que era uma preocupação. Por outro lado, como eu poderia achar ruim o fato de ela ter um namorado. Só gostaria de saber o que ela pretende fazer.

"Duvido muito que ela saiba."

Você não acha que deveríamos conversar com ela sobre isso?, perguntei. Ajudá-la a elaborar um plano.

"Não. De jeito nenhum. E, se em algum momento ela perguntar o que você acha que ela deve fazer, não caia na armadilha. Não deixe que ela a coloque nessa situação. Apenas diga que ela vai saber o que fazer e que, quando precisar do seu conselho para uma questão específica, você vai ficar feliz em ajudar."

Mas e se ela precisar de ajuda?, perguntei.

"Deixe que ela peça ao dr. Kass. Ela e o dr. Kass conversam constantemente sobre esse assunto. Não assuma essa responsabilidade. Porque qualquer sugestão específica que você dê vai ser interpretada como uma tentativa de fazê-la seguir um plano que ela não escolheu."

Eu disse que nós e o dr. Kass tínhamos de fato percebido essa dinâmica em relação à desintoxicação. A constatação de que estava bebendo demais tinha sido inteiramente dela. Foi ela quem pediu ajuda a uma amiga. A amiga sugeriu a clínica de reabilitação. Ela mesma ligou para Hazelden. Depois que a ideia da desintoxicação se tornou algo certo, ela foi bastante firme em relação a Hazelden. A ideia não foi nossa. Minnesota nem sequer estava no nosso radar. Se você fala de reabilitação para mim, eu penso em Betty Ford. De fato, eu havia sondado Betty Ford e lhe oferecido essa opção. Não, dissera ela. Hazelden. Há um Hazelden em West Palm Beach, dissemos. Não, respondera ela. Hazelden, em Minnesota. Então, mais tarde, depois que ela voltou para casa e teve uma recaída e tivemos uma consulta com o dr. Kass, ele disse que tinha ficado um pouco preocupado com a tendência dela de falar da decisão de ir para Hazelden como se tivesse sido tomada por outra pessoa, um fato consumado imposto. Eu também tinha percebido isso.

"É dessa dinâmica que estou falando. Não deixe que ela faça isso. Mais cedo ou mais tarde, ela vai perceber que precisa organizar os dias, fazer com que a terça-feira seja diferente do domingo, por exemplo. Há sinais concretos demais para que ela não perceba. Muito em breve, ela vai se dar conta de que todos com quem fala perguntam o que ela faz, no que está trabalhando. Ela vai ter que encontrar uma resposta adequada. E não vai precisar que você lhe diga isso. Na verdade, você não pode lhe dizer isso. Só os colegas podem. Enquanto isso, você e John devem se concentrar em seu próprio trabalho."

18 de outubro de 2000

Eu disse que todas as minhas preocupações com Q — quando conversamos na semana passada — tinham se revelado infundadas. Que, na semana passada, ela pareceu, em muitos aspectos, uma pessoa diferente — que havia feito uma entrevista e conseguido um emprego de seis semanas como editora de imagem freelancer em uma revista da Condé Nast, que sua hostilidade em relação ao trabalho parecia ter evaporado, que ela havia terminado com o novo namorado que eu temia ser uma fuga para não enfrentar o que tinha que fazer — longe de querer uma fuga, ela havia terminado com ele justamente porque sentia que ele a estava impedindo de fazer o que precisava fazer.

"Em outras palavras, uma atitude nitidamente mais madura", disse ele.

Exatamente, falei. Ela tinha sido até mesmo assertiva o suficiente para informar, já na entrevista, que iria para Paris na semana do Dia de Ação de Graças. Ela parecia estar em um momento oposto ao qual eu supunha que ela estivesse.

"Ainda assim, eu não diria que seus temores eram infundados", disse ele. "Você definitivamente tinha motivos. Esses motivos estavam na sua cabeça."

Eu disse: em outras palavras, eram absurdos, sem importância.

"Não", discordou ele. "É importante e não é absurdo. O que está na sua cabeça — o que você pensa, supõe ou espera dela — tem tudo a ver com a forma como vocês se relacionam uma com a outra. É por isso que você e eu nos sentamos aqui toda semana. Para você descobrir o que está na sua cabeça." Mudança de assunto. "Neste momento, você deve estar sentindo um alívio considerável."

Eu disse que tanto você quanto eu estávamos muito aliviados. Que você tinha dito que era a primeira vez, em mais de um ano, que não sentia um nó na barriga. Que estávamos cientes de que haveria reveses, mas que esse era o melhor momento que havíamos vivenciado.

"É claro que vai haver reveses. A vida é cheia de reveses."

Falei que estávamos voltando a nos concentrar em nosso próprio trabalho. Que você tinha escrito um artigo muito rápido, com prazo apertado, para a *New Yorker*, que estava fechando nesta semana e que, na próxima, voltaria a trabalhar no seu romance. Eu estava começando o livro que mencionei, sobre a Califórnia. Havia outra coisa. Hoje de manhã você mencionou ter relido parte de um romance que havia publicado há muitos anos e ficara surpreso com o quanto sabia na época. Eu mesma já tive essa sensação ao reler textos antigos meus. Eu disse, hoje de manhã, que achava que grande parte desse conhecimento que agora sentíamos não ter mais viera do trabalho de reportagem, de sair para o mundo de uma forma que não temos feito ultimamente. E me ocorreu, em algum momento ao longo do dia, que o último ano e meio serviu para reforçar a ideia de que não deveríamos estar nos extenuando pelo mundo —

que tínhamos nos sentido, na realidade, em alerta constante, de plantão na nossa própria casa.

"Quando fala em sair pelo mundo, você quer dizer viajar?"

Não apenas viajar, respondi, mas viajar faz parte. Uma grande parte do trabalho que nós dois fizemos surgiu, indiretamente, de viagens que fizemos ao sul da Ásia, às Américas Central e do Sul e ao Oriente Médio. Você não necessariamente viaja com a intenção de escrever algo, mas acaba usando a viagem para isso.

"Se vão fazer isso, agora é o momento. Mais tarde, não terão energia."

Eu disse que já não tínhamos energia agora, mas que eu achava importante começarmos a pensar em gastar a que ainda temos. Se surgisse a oportunidade de fazer algo que interessasse a um de nós, deveríamos aproveitar.

"Você parece encarar isso como um exercício. Uma maneira de aprimorar suas habilidades, sua capacidade analítica."

Respondi que sim. A capacidade de analisar e a capacidade de observar. Uma vez, por exemplo, passamos um dia puxado visitando um campo de refugiados palestinos nos arredores de Amã. Nada resultou diretamente disso, mas aquela experiência me permitiu saber desde o início que Arafat não conseguiria controlar a geração de palestinos que estava crescendo nos campos.

Uma breve conversa sobre o Oriente Médio, o *USS Cole* e o perigo para os viajantes americanos. Isso levou a uma conversa sobre minha mãe e seu "eu não entendo nada". O fato de ela ter dito isso sobre o divórcio de Steven, acrescentando "talvez eles tivessem demais, talvez se eu não tivesse dado aquele dinheiro todo ano…".

"Ah, não", disse o dr. MacKinnon. "Você com certeza herdou esse reflexo excessivo de se culpar. Tire uma lição disso. E diga a ela que o dinheiro que deu a eles provavelmente os manteve juntos por mais um ano."

Perguntei se ele tinha lido a matéria no jornal desta manhã a respeito de uma nova teoria sobre não se elogiar as crianças.

"Li, claro", respondeu ele. "O que você achou?"

Eu disse que eu mesma nunca havia testemunhado esses exemplos de pais que elogiam os filhos por nada.

"Não foi assim que você e eu fomos criados, certamente. Achei a teoria em grande parte equivocada, mas concordo com alguns pontos. Por exemplo, o caso que mencionaram de, em vez de elogiar uma criança que cedeu o assento a uma pessoa mais velha por ter feito a coisa certa, dizer 'olhe como a senhora ficou grata por você ter cedido seu lugar'. Isso faz sentido. Ensina a criança a realmente ter empatia pela mulher em vez de apenas 'fazer a coisa certa.'"

Talvez, sim, falei, mas e se a mulher *não* valorizar o gesto?

"Entendo seu ponto. Você pode estar tornando a criança dependente de um retorno positivo que ela talvez não receba. Enquanto o retorno por 'fazer a coisa certa' vem de dentro, a própria criança pode concedê-lo a si mesma."

Eu disse que a única parte que realmente me interessou tinha a ver com o fato de as "mães que trabalham" terem essa tendência de elogiar demais os filhos, pois não querem estragar o pouco tempo que passam com eles. Confessei que, de vez em quando, eu havia me abstido de reagir de forma negativa a qualquer coisa que Quintana fizesse, só porque não queria estragar o momento. Isso trouxe à tona toda a questão das "mães que trabalham". Tinha me ocorrido hoje — provavelmente porque andei lendo relatos de emigrantes em que as mães trabalhavam e, muitas vezes, negligenciavam seus sete, oito ou até doze filhos — que deve ter havido apenas um período muito breve na história dos Estados Unidos em que as mulheres *não* trabalhavam. *Não* ajudavam a tocar a fazenda nem alimentavam vinte trabalhadores rurais com três refeições por dia, nem lavavam toda a roupa à mão. Seria de se esperar que essa ideia de mulheres que não trabalham só tivesse surgido com os eletrodomésticos — depois da Segunda Guerra Mundial —, mas ela já estava profundamente enraizada na minha avó e na minha mãe. Que vinham de famílias nas quais as mulheres tinham de fato trabalhado muito.

"Sem dúvida", disse ele. "Foi uma questão de classe que se estabeleceu. Fora das fazendas, as mulheres não deveriam ter que trabalhar. Mesmo no auge da Grande Depressão, mulheres de classe média não trabalhavam. Em Leonia, Nova Jersey, onde eu cresci, todas as mulheres que eu conhecia tinham uma empregada doméstica. Isso as deixava livres para jogar bridge ou enrolar bandagens ou o que quer que fizessem. Mas não trabalhavam. Muito disso perdura até hoje. Recentemente, em 1975, quando nossa filha se mudou para Seattle e passou no exame da ordem dos advogados, o homem que a admitiu disse a ela que esperava que estivesse feliz, pois estava vindo de uma faculdade do leste para tomar o lugar de um homem local bem-treinado e ocupar um cargo que abandonaria assim que tivesse um bebê. Você acha que nada disso se infiltrou na sua mente, mas é claro que se infiltrou."

1º de novembro de 2000

Breve conversa sobre o *USS Cole* e a viagem dele a Seattle.

Contei a ele sobre nossas duas conversas (se é que podiam ser chamadas assim) com Quintana esta tarde. Disse que estava tão cansada — nós dois estávamos — dessa montanha-russa emocional. De ter que mapear cada encontro. Disse que, quando falei com ele pela última vez — duas semanas atrás —, ela parecia tão no controle da situação que o alívio me deixara eufórica. Então, ela começou um trabalho temporário e pareceu ser tomada pelo medo de não conseguir dar conta. Nós a tranquilizamos, dissemos que era assim que todo mundo se sentia em um novo emprego — que as coisas iam melhorar a cada dia. E, por alguns dias, melhoraram. Em algum momento da semana passada, tivemos conversas muito boas ao telefone — sobre *A noite dos mortos-vivos*, que ela e eu tínhamos assistido quando ela era criança — seguidas de alguns e-mails muito bons, e eu achei que estava tudo bem. No fim de semana, não tivemos notícias. Você tinha tido um sonho com ela, sobre o qual me contou porque tinha sonhado em cores, e tínhamos discutido com ela — tal qual na sequência de *A noite dos mortos-vivos* — se as pessoas sonham em cores ou apenas em preto e branco.

"Algumas pessoas sonham em cores", interrompeu ele.

Eu disse que, de fato, Q dissera isso. Ela tinha lido que pessoas "mais criativas" sonham em cores.

"Isso parece ser verdade. Pessoas com forte senso visual. Músicos, por outro lado, têm sonhos sonoros. Eu mesmo só fui sonhar em cores pela primeira vez durante a minha análise. Pessoas que sonham em cores as descrevem como irreais, tecnicolor, surreais. Quase sempre há um elemento eufórico no conteúdo desses sonhos."

Eu disse que seu sonho não tinha nada de eufórico. Foi assim: estávamos recebendo algumas pessoas em casa e o telefone tocou e, quando você atendeu, era Q. "Estou arrasada", dissera ela. Eu perguntei a você onde tinha entrado a cor. Você respondeu que podia vê-la em uma tela ou um monitor enquanto falava com ela.

De qualquer forma, o conteúdo desse sonho me preocupou — porque revelava sua preocupação com ela, e, de certa forma, fez minha própria preocupação, que eu vinha reprimindo, ressurgir.

Então, hoje, como ainda não tínhamos tido notícias dela, estávamos ambos prontos para entrar em contato. Você ligou e achou que ela estava tão angustiada que eu acabei ligando e a convidei para jantar. Eu disse que não entendia o que exatamente naquele trabalho a estava deixando tão perturbada. Era, basicamente, o mesmo que ela vinha fazendo de forma bem-sucedida havia seis anos.

"Acho que eu me perguntaria se o que a está deixando perturbada é realmente o trabalho."

Você quer dizer que outra coisa pode estar deixando-a perturbada e que ela está transferindo isso para o trabalho?, perguntei.

"Não é o que geralmente acontece?"

Concordei.

"Será que ela não pode estar perturbada — em um nível mais profundo do que percebe — pelo que você descreveu como as conversas muito boas que tiveram sobre *A noite dos mortos-vivos*? Você disse que as duas assistiram ao filme juntas quando ela era criança. Me fale um pouco mais sobre isso. Quantos anos ela tinha?"

Respondi que uns sete. Você estava fora da cidade. Eu e ela assistimos ao filme em seu escritório em Malibu, que tinha portas de vidro que davam para o mar. E foi tão assustador que, por volta da meia-noite — quando tive que ir à cozinha —, fiquei com medo de deixá-la sozinha no escritório e a fiz ir comigo. Eu disse a ela que estava com muito medo de ir até lá sozinha.

"Vamos por partes. Em primeiro lugar, por que você deixou uma criança de sete anos assistir a um filme tão assustador à meia-noite?"

Era por isso que eu estava assistindo com ela, expliquei.

"Vocês não tinham um horário de dormir? Ela sempre ficava acordada até meia-noite? Podia assistir a qualquer coisa assustadora que quisesse na televisão?"

Respondi que ela só assistia a duas ou três coisas na televisão. Assistia a reprises de Julia Child, reprises de *Lucy* e *Creature Features*, que eram filmes de terror.

"E você não achava que esses filmes poderiam assustá-la?"

Expliquei que eu ficava mais assustada do que ela.

"Bem, essa é a questão. Eis o meu ponto. Tem alguma coisa que você faria diferente se pudesse reviver essa noite em particular?"

Perguntei o que ele achava que eu deveria ter feito diferente, além de colocá-la na cama, o que não me parecia ser o tipo de coisa que uma mãe divertida faria.

"Você disse a ela que estava com medo de ir até a cozinha sozinha, por isso queria que ela fosse com você. O que acha que isso transmitiu para ela? Não acha que transmitiu a ideia de que ela tinha que ser responsável por cuidar de você, por proteger você?"

Eu expliquei de novo: na verdade, eu não estava com medo de ir até a cozinha sozinha, estava com medo de deixá-la sozinha perto das portas de vidro.

"Porque alguma coisa poderia entrar e pegá-la. Em outras palavras, você tinha medo de não conseguir protegê-la. Isso está no cerne de sua relação com ela. Não importa a forma como você coloque a questão — você teve medo de ir até a cozinha sozinha ou teve medo de deixá-la sozinha perto das portas de vidro —, quer dizer a mesma coisa. Quer dizer que você tinha medo de não conseguir protegê-la. Quer dizer que 'o mundo lá fora é irracional e perigoso e eu não consigo proteger você dele'. Quer dizer que ela precisa proteger não apenas a si mesma, mas também você. Não acha que isso é um fardo pesado para uma criança de sete anos?"

Eu disse que entendia que talvez tivesse sido, mas que também achava que era apenas um filme. Contei a ele que a levei para assistir a *Tubarão*, que durante o filme ela berrou de medo, mas depois foi nadar tranquilamente. Eu disse que *Nicholas e Alexandra* a deixou mais abalada. Ela ficou preocupada com Nicky, Sunny e as crianças durante todo o caminho até em casa.

"Tenho certeza de que não preciso explicar esse a você."

Eu respondi que entendia o que ele estava querendo dizer: Nicky e Sunny eram pais incapazes de proteger seus filhos.

"Essa dinâmica entre vocês tem muito a ver com a sensação que você tem agora de que não consegue protegê-la. Não esse incidente específico, mas o que ele revela sobre a relação que você tinha com ela na época. Ela ainda acha que precisa proteger você. E do que você acha que ela precisa protegê-la? Precisa proteger você dela mesma. Ela sabe que pode, efetivamente, matar você e o pai se fizer mal a si mesma. É isso que ela tem contra vocês, é sobre isso que ninguém fala. Essa é uma negociação extremamente delicada. Você quer libertá-la da culpa, da responsabilidade, mas, ao mesmo tempo, não quer deixá-la livre dessa obrigação específica até que ela esteja pronta. Acho que seria extremamente útil se você conversasse com ela sobre algumas das coisas das quais estamos falando hoje. Não diga '*mea culpa*, eu errei naquela noite em que vimos *A noite dos mortos-vivos*', porque alguém tão sobrecarregado de responsabilidades quanto ela tende a dizer imediatamente não, não, não é culpa sua, é minha. O que precisamos eliminar aqui é a ideia de que alguém precisa ser culpado.

As coisas acontecem, às vezes coisas ruins. Ninguém precisa ser culpado. Melanie Klein desenvolveu um trabalho brilhante sobre essa questão. A maioria das religiões se envolveu nessa área de absolver as pessoas da culpa. A sua e a minha não fazem um trabalho muito bom nesse sentido, mas a ideia continua encravada lá, bem no "perdoai as nossas ofensas, assim como nós perdoamos...". Então, quando falar sobre isso, não assuma a culpa nem a deixe assumi-la. Diga como, essencialmente, ela deve ter sido muito forte na época e como você, na verdade, também é forte por conseguir admitir seus erros. Seja cuidadosa, mas fale sobre isso, porque está muito próximo do cerne do problema do qual estamos tratando aqui."

Depois, discutimos meu livro sobre a Califórnia* e falamos sobre Jane Hollister Wheelwright e sua visão idealizada e muito confusa da própria vida. Apesar de ela ser analista. Eu disse que, ao reler o livro dela, tinha ficado muito impactada com o fato de ela não conseguir separar as verdades das inverdades na visão que tinha da própria vida — se ela, uma analista experiente, não tinha conseguido, isso me fazia questionar se eu mesma conseguiria.

"É por isso que este é um bom momento para você estar trabalhando neste livro em particular. Ele se relaciona diretamente com o que estamos falando aqui. Eu acho que esse livro — mais do que qualquer outra coisa que poderia estar fazendo agora — pode levar você a áreas que vão

---

* *Where I Was From.*

ajudá-la a integrar sua vida. Você já seguiu em frente em muitos aspectos. Está na hora de catar alguns dos pedaços que deixou pelo caminho e tentar entender o que significavam para você."

Eu disse que esse tinha sido meu pensamento um tanto incipiente, mas que o livro já estava me levando para áreas às quais eu não tinha certeza se queria ir.

"Isso com certeza vai acontecer. Pode apostar. E, se você adentrar uma dessas áreas e não tivermos uma sessão marcada logo depois, me ligue."

8 de novembro de 2000

Conversamos um pouco sobre a eleição, que o dr. MacKinnon acredita que vá terminar na Justiça, "porque você não chama Warren Christopher a menos que pretenda ir para a Justiça".

Eu disse que, quando tivemos nossa sessão quarta-feira passada, tínhamos a expectativa de jantar com Quintana naquela noite, mas que ela havia cancelado. Não conseguimos vê-la no fim de semana, porque uma amiga dela estava na cidade. Expliquei o histórico de Nicola e o fato de Quintana ter tido que passar uma semana na clínica depois da última visita dela. Contei que você ligou para ela no trabalho na segunda-feira e acabou descobrindo que estava em casa. Relatei nossa angústia. Descrevi minha ligação para ela, em que ela disse: "Por favor, não se preocupe, eu vou conseguir superar isso". E eu respondi: "Tudo bem, se você está me dizendo para não me preocupar, eu não vou me preocupar".

"Me chama a atenção a semelhança dessa história com a que você me contou na semana passada. Em ambos os casos, você está com medo, está preocupada e, em ambos os casos, lhe disse que ela é a única que pode aliviar esse medo, a única que pode ser responsável pela sua paz de espírito."

Admiti que eu mesma não tinha ilusões de que tivesse lidado com a situação da maneira correta.

"Mencionei aquela história — a do filme — ao dr. Kass. Ele também a achou muito reveladora. Muito útil para ele. Tanto você quanto John tendem a se preocupar. Essa tendência à preocupação, em ambos os casos, antecede a chegada de Quintana. Mas, depois, todas as suas preocupações e todos os seus medos se concentraram na segurança dela. Você queria mantê-la na cozinha com você, a salvo do mundo assustador lá fora. Onde pessoas poderiam sequestrá-la, machucá-la, tirá-la de vocês. O que, efetivamente, acabaria com a vida de vocês. Foi isso que você lhe transmitiu, esse é o fardo que ela sente. É por isso que ela sente que vocês dois — você e o pai — estão sempre vigiando, sempre tentando cuidar dela. Sabe que é porque vocês a amam, essa mensagem ela entendeu. Mas associa amor a preocupação. Não sabe que é possível amar alguém sem se preocupar constantemente com essa pessoa. Ela acha que tem que se preocupar com vocês, porque os ama. Acha que é um fardo para vocês. Acha que ela é a única que pode aliviar esse fardo. Nós vemos isso com clareza em pacientes suicidas. Primeiro, eles se veem como um fardo; depois, acham que cabe a eles remover esse fardo; então, em algum momento, decidem que todos vão ficar melhor sem eles. Esse momento de decisão é sempre ambivalente. Por um lado, acreditam que, assim, vão se libertar de uma vez por todas da preocupação constante dos outros. Por outro, ao se libertarem, libertam todos os outros também."

Sugeri que, se ela de fato associava amor a preocupação, seria muito difícil — e contraproducente — lhe dizer que eu não me preocupava.

"Sim. É delicado. Essas coisas já estão tão emaranhadas quando se chega à idade dela que é muito difícil saber qual fio podemos puxar. A propósito, tenho que dizer que o dr. Kass não está preocupado, no momento, com a possibilidade de Quintana se suicidar. Ela parece ter uma vida para além de vocês dois. Tem outros vínculos. Enquanto mantiver essa outra vida, não há risco de suicídio."

Mostrei a ele o e-mail que recebi dela ontem.

"Veja o que ela diz", apontou ele. "'Sinto muito por ter essa doença.' 'Por preocupar tanto vocês dois.' 'Por ser um fardo tão grande.' 'Sinto muito por fazer vocês passarem por isso.' É a respeito disso que estávamos falando. Algo positivo aqui, entretanto, é a aparente liberdade com que ela diz 'eu amo vocês'. Isso significa que você e John sentem a mesma liberdade de falar isso a ela, caso contrário, ela não teria aprendido a dizer isso. Ou teria aprendido a não dizer."

Eu expliquei que, na nossa família, nunca tivemos dificuldade de expressar amor. O que, de certa forma, me parecia milagroso, porque, na minha própria família, havia uma dificuldade tão grande de expressar amor que beirava a paralisia.

"Sabe, comecei a entender por que o dr. Kass quis que você se consultasse comigo. Não foi apenas por causa da preocupação de Quintana com o fato de você estar deprimida, embora isso tenha sido um fator. No fim das contas, o que estamos fazendo aqui é tentar quebrar esse padrão em que você concentra todas as suas preocupações e todos os seus medos em Quintana. Não que isso seja unilateral.

De forma alguma. Ela procura suas preocupações e seus medos e se alimenta deles. Eles a fazem se sentir amada, a fazem sentir que tem um propósito na vida: ela está aqui para lhes dar paz de espírito."

Perguntei se ele realmente achava que era assim que ela via seu propósito na vida.

"Infelizmente, quando você não tem uma autoimagem forte, a necessidade imaginária de cuidar de outra pessoa pode preencher esse vazio. Mas a pessoa que preenche o vazio dessa forma acaba se ressentindo disso. Você se tornou muito mais capaz de conversar com Quintana sobre sua relação com ela. Isso tem sido extremamente valioso. Ela fala com o dr. Kass sobre o que você tem dito, e isso abre áreas que ele não teria conseguido acessar sozinho. Ele acha que ela não é uma pessoa fácil de acessar. Você tem ajudado muito nesse sentido."

Eu disse que, na semana passada, ele havia me incentivado a conversar com ela sobre algumas dessas coisas, sobre *A noite dos mortos-vivos*. E eu não tinha feito isso, porque não nos encontramos. Ele achava que seria uma boa ideia falar com ela à noite sobre o que conversamos hoje?

"Sem dúvida. Se você apenas tentar lhe transmitir a ideia de que ela pode se fortalecer falando sobre as coisas, vai estar segura. E sempre que encontrar uma oportunidade de fazer com que ela saiba que não precisa ser como você, que pode criar o próprio mundo, faça isso."

Eu disse que às vezes achava que o modo como ela se vestia era uma forma de demonstrar que não era como eu.

Ela não se vestia como eu. Não compraria coisas que eu compraria.

"Ótimo", disse ele. "Não desestimule isso."

Você mencionou que ela tem uma autoimagem fraca, contei. Eu disse que achava que o fato de ela estar acima do peso era uma demonstração disso. É claro que ela engordava muito quando estava bebendo em excesso, mas ela sempre teve essa tendência, e eu achava que isso era um problema para ela — de forma quase imperceptível, isso a tirava da competição.

"Quando ela começou a ganhar peso?"

No início da adolescência, respondi. Depois, no fim da adolescência, quando ficou mais confiante, ela emagreceu, mas voltou a engordar quando foi para a faculdade e perdeu essa confiança.

"Não acha que, no início da adolescência, ela estava querendo dizer algo a você?", perguntou ele.

Que estava infeliz?, perguntei.

"Não. Que ela podia fazer algo que você nunca poderia. Você não conseguiria ganhar peso nem se quisesse. E é bem possível que quisesse. Você era quem conseguia fazer tudo, mas só ela conseguia fazer isso."

29 de novembro de 2000

Falamos sobre como eu estava me sentindo e como estava lidando com isso. "Não há nada em um quadril fraturado que seja, por si só, deprimente", disse o dr. MacKinnon, "mas coisas assim tendem a ter um efeito depressivo."

Eu disse que sim, que havia algo em um quadril fraturado que era, por si só, deprimente. Quadril fraturado soa como "coisa de velho". Perna fraturada, braço fraturado soam...

"De maneira diferente", concordou ele. "Sobretudo para as mulheres."

Comentei que tínhamos ficado impressionados com o quanto a ideia de um quadril fraturado era alarmante para muitas mulheres que conhecíamos. Parecia remeter a um medo bastante disseminado. Algo como o medo de serem a senhorinha que fica sem dinheiro e acaba morando na rua.

"É o mesmo medo", disse ele. "Medo de envelhecer, de se tornar dependente, de não conseguir cuidar de si mesma, de ser descartada."

Eu disse que tínhamos passado um Dia de Ação de Graças muito agradável e tranquilo — o almoço indiano, o caviar com Q —, mas que tínhamos decidido não fazer nada no Natal. De muitas maneiras, isso foi um alívio, mas, em algum nível, eu me sentia culpada — sei que vou estar bem mais disposta no Natal e, sob essa perspectiva, não fazer a festa poderia ser uma forma de nos isolarmos.

"Os hábitos das pessoas de receberem mudam à medida que envelhecemos. Grandes amigos nossos costumavam dar uma festa todo Ano-Novo. Era uma tradição, sempre íamos. Depois, passou a ser a cada dois anos. Acabei de perceber que já faz três anos e, se eles forem dar a festa este ano, não fomos convidados. Receber pessoas demanda certa quantidade de energia. Não apenas energia física, mas emocional. Você tende a preservar essa energia conforme envelhece. Quer que ela esteja disponível para o que realmente importa. Quanto a se isolar, esse é outro padrão do envelhecimento. Você quer ficar mais sozinho. Quer estar com as pessoas de quem mais gosta. Amizades casuais são muito empolgantes quando se é jovem — você não sabe aonde elas podem levar, são um mistério. Mas o mistério já acabou. Você já viveu."

Eu disse que meus pais sempre davam festas no Ano-Novo e no Quatro de Julho. E que, quando pararam, eu achei triste, achei que eles deveriam ter se esforçado mais. Talvez, em retrospecto, eles não quisessem mais fazer esse esforço. Acho que eles nunca mais deram uma festa depois que minha mãe teve câncer, em 1984. Aquele ano foi muito difícil, não só para ela, mas também para meu pai. Ele parecia incapaz de aceitar que o tratamento estava ajudando. Não parava de me dizer que os médicos estavam envenenando-a, que ela estaria perfeitamente bem sem os malditos remédios. Na época, senti que, de certa maneira, ele me culpava, porque fui eu quem insistiu para que ela fizesse quimioterapia.

"Ter câncer muda a vida das pessoas radicalmente", disse o dr. MacKinnon. "Mesmo que sobreviva aos dez anos seguintes, o que equivale a dizer que está 'curado', você ainda terá vivido dez anos se perguntando quando o câncer vai voltar. Confrontando a mortalidade. Ou evitando confrontá-la. Seja qual for a estratégia, transforma sua vida."

Eu disse que achava que eram cinco anos.

"Era o que diziam. Mas o prazo está aumentando."

Comentei que minha estratégia para lidar com o câncer não tinha incluído confrontar a mortalidade. Eu tinha muita dificuldade de me imaginar morta.

"Todo mundo tem. Você pode pensar em morrer, porque morrer é, de certa forma, uma ação, algo que acontece com você, e em que você desempenha um papel. Mas é impossível conceber verdadeiramente a inexistência."

Eu disse que pensava nisso desde que era bem pequena. Não em "morrer", mas em "ser" e "não ser". Eu me lembro de tentar me virar muito rápido para ver se o mundo de fato existia quando eu não estava olhando.

"Eu vejo outra interpretação possível para isso. Você estava tentando descobrir o que estava acontecendo. Crianças que crescem em famílias nas quais as emoções não são expressas — ou seja, crianças que cresceram em famílias como a sua ou a minha — estão sempre tentando descobrir o que está acontecendo. Têm uma curiosidade intensa a respeito dos próprios pais. Os pais são entidades profundamente misteriosas, e muitas vezes fascinantes."

Eu disse que todos os adultos — a vida adulta, em geral — eram fascinantes para mim quando criança, mas que isso havia mudado entre a minha geração e a de Quintana. Os adultos não pareciam despertar muito interesse nela — ela se dava bem com eles, mas não os via como mistérios. Eram as crianças da idade dela que pareciam encantá-la.

"Não imagino a casa de vocês como um lugar onde muitas coisas fossem escondidas ou deixassem de ser expressas. Acho que você e John foram muito mais francos com ela do que a geração dos avós dela teria sido."

Eu disse a ele que Q e eu iríamos jantar juntas no dia seguinte. Você e eu tínhamos sido convidados para uma festa onde haveria muitas pessoas e muitas escadas, então eu sugeri que você fosse sozinho e convidei Q para jantar. Ela logo interpretou isso como se devesse preparar o jantar para mim, o que era mais um exemplo, eu imaginava, da culpa que ela sentia, da necessidade de cuidar de mim.

"Por que você acha que ela se sente culpada?"

Porque, na semana seguinte ao que aconteceu, ela disse que se sentia culpada: "Eu deveria estar aqui todas as noites cozinhando para você".

"Ela não fez isso, fez?"

Não, respondi.

"Então ela não devia estar se sentindo tão culpada assim."

Respondi que achava que ela mesma se colocava nessa posição de culpa. De pensar que "deveria" estar fazendo algo, não fazer e depois se sentir culpada.

"Isso é possível, mas há outra possibilidade. Que ela queira expressar o amor que sente por você. E você responde — porque não quer ser um fardo — dizendo a ela que, na verdade, não precisa da ajuda dela, que pode cuidar de si mesma, que está perfeitamente bem. Acho que essa confusão entre amor e culpa começa na sua cabeça. Acho que você herdou isso dos seus pais, que nunca quiseram ser um fardo para você. Você não me disse isso, mas acredito que seja verdade, porque não ser um fardo para os outros membros da família era uma questão muito importante entre os pais que chegaram à idade adulta durante a Grande Depressão. Acho que é importante você tentar resolver isso — reconhecer a possibilidade de amar sem culpa —, porque pode ser muito valioso para ela poder fazer algo por você, sem amarras. Preparar o jantar, se ela quiser. Fazer coisas pelas pessoas que amamos pode ser uma fonte imensa de prazer. Satisfação. Orgulho. Não negue isso a ela."

6 de dezembro de 2000

Falei que tinha sido uma semana terrível.

Ele disse que tinha conversado com o dr. Kass. "Esclareci o mal-entendido que você mencionou e, durante a conversa, ele disse que Quintana não havia superado o alcoolismo por completo."

Contei a ele o que havia acontecido, começando com o nosso jantar na quinta-feira à noite. A discussão sobre a internação parcial. Minha interpretação — talvez equivocada — da ansiedade e da depressão dela como um problema da "vida real", inerente a qualquer projeto artístico ou iniciativa como freelancer, algo que uma pessoa tinha que aprender a encarar com determinação ou contornar, desenvolver estratégias para administrar.

"Com certeza, é", disse ele.

E, acrescentei, como não estava considerando o álcool como o fator que parecia ser, eu a havia incentivado a aceitar outro trabalho temporário e depois ver como se sentia — a interação parcial continuaria disponível dali a quatro semanas e, até lá — com o retorno positivo e o estímulo de se sentir necessária e útil na função — talvez ela descobrisse uma nova abordagem para começar o próprio trabalho. Ela pareceu ter concordado com isso, disse que se sentia muito melhor depois de ter conversado sobre o assunto e foi embora. Na manhã seguinte, ligou para dizer que havia conversado com o dr. Kass, que havia recusado o trabalho, mas que ainda não tinha decidido o que fazer em relação à internação parcial. Nós dissemos, basicamente, que era uma decisão óbvia: se ela havia recusado o trabalho, poderia muito bem fazer a internação.

Depois, sua chegada na sexta-feira à tarde. Ela havia bebido. Tinha sido acompanhada do apartamento até nossa casa por um homem com quem de repente tinha voltado a se relacionar, alguém que havia sido uma influência negativa ou uma válvula de escape da última vez que ela tinha tentado trabalhar como freelancer. Aparentemente, ele tinha lhe dito que ela precisava se desintoxicar, que não podia vigiá-la daquele jeito.

Ela disse que tinha voltado a beber mais ou menos quando deixou o emprego na *Elle Décor*, mas era impossível saber. Ela não diz a verdade sobre a bebida, ou talvez não saiba a verdade. Por exemplo, quando você perguntou qual tinha sido o período mais longo que ela permanecera sóbria, a resposta foi "noventa dias", e eu perguntei se isso incluía Hazelden, e ela respondeu que não, que tinham sido noventa dias depois de Hazelden. Mas não era verdade. Porque ela saiu de Hazelden em 4 de agosto de 1999, e na manhã de 31 de agosto nós recebemos a ligação em Paris.

"Ela não consegue encarar a verdade. O dr. Kass quer que ela faça os Doze Passos, você sabe."

Eu disse que sabia. Que ele havia explicado que o objetivo da internação parcial era prepará-la, dar-lhe ferramentas para seguir os Doze Passos. Que ela não estava pronta para fazê-los agora porque tinha transtornos de personalidade que a impediam.

"Foi o que ele me disse. E eu concordo."

Contei a ele sobre a reação dela à reunião de domingo na St. James.

"Você viu um exemplo do que o dr. Kass quis dizer, então."

Eu disse que, em muitos aspectos, ela ainda regia como uma adolescente.

"Ela ainda tem muito de adolescente. E também algo de pré-adolescente. Acho que a internação parcial vai ajudar, mas isso significa que, por um tempo, ela vai ser um estorvo para vocês."

Eu disse que estávamos cientes disso.

"Só não se deixem envolver. Se ela quiser falar a respeito, ótimo, mas não façam perguntas, não se tornem os juízes dela. Ela vai tentar forçá-los a assumir esse papel. Fiquem de fora, mantenham-se neutros, digam: 'Isso seria uma coisa interessante para discutir no grupo'. Em outras palavras, deixem que ela se afirme, que lide com a situação por conta própria."

Eu disse que esse episódio tinha sido muito difícil para nós dois.

"Por que desta vez, em particular? Vocês já passaram por isso antes, é provável que passem de novo."

Respondi que era exatamente por isso que estava sendo difícil. Não víamos esperança a longo prazo. E algumas coisas que ela dissera ainda nos abalavam. Por exemplo, quando ela se voltou contra mim, me acusando de só falar de trabalho, de só me importar com trabalho etc.

"Esse é um comportamento típico de alcoólatra. A culpa é sempre dos outros."

Eu disse que havia algo em relação a esse fim de semana que tinha sido tão perturbador para mim que eu mal conseguia falar a respeito: tinha me ocorrido, em vários momentos, que eu não *gostava* dela.

"É claro que sim. É muito exasperante lidar com isso, você perde a paciência. É exasperante até para o dr. Kass. Eu tive que chamar a atenção dele para o fato de que ele usava um tom de mágoa pessoal quando falava dela. 'Ela é realmente uma alcoólatra inveterada', disse, como se tivesse acabado de perceber isso. 'O que você achava que ela era?', perguntei."

Eu disse que uma coisa era o dr. Kass se sentir pessoalmente ofendido, outra coisa era eu, porque eu era a mãe dela. E havia mais uma questão. Durante toda a minha vida, eu me afastei de pessoas que me causavam problemas. Cortei essas pessoas da minha vida. Não posso permitir que isso aconteça com Quintana.

"Não vai acontecer. É impossível. Você tem um instinto materno muito forte. Hoje mesmo, quando a vi na sala de espera, você estava olhando fotos de ursos-polares com seus filhotes na *National Geographic*. Deixou a revista de lado para entrar no consultório com muito pesar. Mas vamos falar um pouco sobre o motivo pelo qual você corta relações com as pessoas. Em última análise, você corta relações com elas para se proteger, mas, antes de tudo, faz isso para protegê-las da sua raiva. Você tem medo da própria raiva.

Acha que é tão poderosa que destruiria essas pessoas com as quais você está exasperada, e que então as perderia."

Salientei que, de qualquer forma, eu já tinha perdido, tendo cortado essas pessoas.

"Elas nem sempre sabem que as relações foram cortadas, não é?"

Nem sempre, respondi.

"Então, em teoria, você poderia perdoá-las e retomar o relacionamento."

Falei que não estava entendendo em que isso ia dar. Disse que tinha sido um período muito difícil. Você e eu gostávamos muito de controlar as coisas. E este último mês tinha sido um período em que não conseguimos controlar absolutamente nada — culminando em um grande clímax na tarde de sexta-feira.

"O que torna essa situação com Quintana particularmente exasperante para você — e parte do que faz com que sinta raiva dela, e culpa por sentir raiva — talvez seja o fato de que, no fundo, você acha que ela poderia controlar isso se quisesse. Poderia decidir se comprometer com os Doze Passos, poderia decidir não tomar mais um gole."

Respondi que sim. Isso era verdade. Eu não conseguia deixar de pensar que, se quisesse, ela poderia controlar a situação. Mas, para mim, não era uma questão de decidir tomar mais um gole ou não. O que eu achava que ela podia controlar era a maneira como lidava com o fato de ter tomado aquele gole. E daí que ela teve uma recaída. O que ela perderia forçando-se a levantar de manhã e ir trabalhar?

"Essa é uma estratégia — deixar todo o resto de lado e ir trabalhar — que funciona muito bem para você. Ainda é a melhor maneira de aliviar a ansiedade que conhecemos. Trabalhar. Melhor do que drogas, melhor até do que álcool. Mas ela não acredita no próprio trabalho como você acredita no seu. Quando isso acontecer, ela vai estar, para todos os efeitos, curada."

Eu disse que ultimamente não estava conseguindo trabalhar. Você também não.

"Vocês precisam voltar a trabalhar. Vocês dois. É isso que os faz funcionarem. Vocês precisam levar a vida como se isso não estivesse acontecendo, ao mesmo tempo que reconhecem que está. Vocês desmoronarem agora seria a pior coisa que poderia acontecer a ela."

13 de dezembro de 2000

Discussão sobre como eu me sentia em relação ao meu quadril. Eu disse a ele que me sentia muito mais forte — na verdade, quase fisicamente normal —, mas mentalmente instável, frágil, ficava exausta com muita facilidade. Tinha ficado exausta, por exemplo, por causa da festa de quinta-feira à noite, embora não tivesse feito nada. Contei a ele o que havia acontecido na sexta à noite — a leitura, os Hederman, o desejo súbito de voltar para casa. Eu disse que vinha me questionando se esse tipo de lesão não causava algum dano cerebral — embora eu não tivesse batido a cabeça.

"É claro que causa", disse ele. "Qualquer lesão como essa faz você se sentir frágil, incapaz. Afeta negativamente sua autoestima. Você grava na sua mente que não pode cair. Essa é a coisa mais importante: não cair. Você se movimenta de forma diferente, percebe o ambiente ao seu redor de forma diferente. Usei muletas por três meses depois de uma queda no último inverno. Nunca havia ficado nervoso ao andar pelo bairro depois de escurecer. Mas, de muletas, fiquei. Eu me sentia como uma presa fácil. Então — mesmo quando não estava mais usando — tive que cancelar uma viagem para visitar minha filha em Seattle. O que me fez sentir que tinha novos limites. Consegui ir a um encontro de ex-colegas de escola, mas me senti péssimo, só pensava em não me machucar. Então decidi que não fazia sentido ir à Europa, uma viagem que fazíamos todo ano, em setembro. Isso faz você se sentir velho. Inútil. Não importa que não tenha batido a cabeça. A cabeça é afetada de qualquer forma."

Eu disse que achava que a tensão da semana passada havia intensificado essa sensação de fragilidade. Ontem à noite, até me peguei pensando se conseguiria dirigir caso fosse visitar minha mãe em janeiro.

"Você vai conseguir dirigir, mas entendo por que se sente assim. Pelo que sei, Quintana parece melhor."

Respondi que sim, ela estava melhor. Quando conversamos com ela no domingo, nós dois nos sentimos um pouco encorajados — ela falou em "estar há nove dias" sem falsa euforia ou o tipo de comportamento defensivo que passamos a interpretar como um sinal de perigo.

Falamos sobre a decisão da Suprema Corte. Eu disse que a havia considerado deprimente, preocupante de um modo que não tinha a ver com quem viria a ser presidente.

"O que eles fizeram ou do que deixaram de fazer?"

O que deixaram de fazer, acho. Expliquei que sempre acreditei conseguir decifrar Tony Kennedy,* nem sempre concordava com suas decisões, mas sabia de onde vinham, vinham de Sacramento. Agora era diferente. Eu não conseguia entender a decisão. Havia uma coisa muito clara que a Suprema Corte poderia ter feito, quando o caso chegou a eles da última vez, mas não fez.

---

* Anthony Kennedy foi juiz da Suprema Corte de 1988 a 2018. Ele nasceu em Sacramento, na Califórnia. Ele e Didion cresceram juntos e mantiveram contato até a morte dela.

"Eles estavam jogando um jogo político. E a Suprema Corte da Flórida, que também estava jogando o próprio jogo político, não ajudou. Obviamente, se a ideia fosse fazer o que era o melhor para o país, sem garantir nem um nem outro resultado político, eles poderiam ter dito desde o início: vamos recontar os votos de todo o estado e esses são os critérios que vamos seguir. Qualquer uma das cortes poderia ter feito isso, com tempo de sobra para concluir. Nenhuma delas fez."

Respondi que achava que era isso que me perturbava na decisão. No papel de Tony. Ele era inteligente, poderia ter percebido. Então, por que ficou em silêncio?

"Ele vive em sociedade. Uma sociedade muito pequena, elementar. Aquelas nove pessoas são a sociedade dele. Para funcionar, precisa se dar bem com elas."

Comentei que talvez eu ainda pensasse em Tony como uma criança à mesa de jantar, muito inteligente, muito idealista em alguns aspectos — não era uma família particularmente idealista, como poderia ter sido, o pai dele era advogado de Artie Samish, a mãe era política até dizer chega, mas eles sempre foram corretos, e Tony continuava sendo correto. Por isso, me perturbou vê-lo fazer esse tipo de concessão.

"A maioria das pessoas faz concessões. Você analisa isso de um ponto de vista muito particular. Tem uma pureza de intenção incomum. É muito inteligente, pautada na lógica. Exige que todo mundo esteja à altura desse padrão."

Eu disse que eu mesma não estava à altura dele.

"Estarmos sempre certos nem sempre nos faz sentir bem."

Eu respondi que tinha a impressão de que ele estava dizendo que eu nem sempre estava certa.

"Eu estou dizendo que você não consegue se permitir não estar. Não se permite cometer erros, ser humana. Ter que estar sempre certa é como o toque de Midas. Você acha que seria maravilhoso se tudo que tocasse se transformasse em ouro, então descobre que você mesma se transformou em ouro, deixou de ser humana."

Comentei que essa discussão era um tanto surpreendente, porque todas as brigas que eu e você tivemos se resumiam ao fato de você dizer que eu achava que estava sempre certa. Eu disse que sempre tive dificuldade de entender isso, porque não me sentia "certa".

"É claro que não. Você nunca poderia estar certa o suficiente para se sentir bem consigo mesma. Há um determinado tipo de família que encoraja o tipo de personalidade que você tem. As crianças desse tipo de família acham que, se estiverem certas, serão amadas. Depois, quando se tornam adultas, não entendem por que o fato de estarem certas não faz com que as outras pessoas as amem. Pelo contrário. Isso as isola. Elas não conseguem aceitar os erros das outras pessoas, porque não conseguem aceitar os próprios erros. O interessante aqui é que estamos falando da mesma coisa que estávamos falando quando você chegou. Sobre se sentir frágil, ameaçada por outras pessoas, ameaçada por um mundo que não pode controlar. O que aconteceu quando você caiu foi que perdeu o controle. E essa é a coisa que mais tem medo de perder. Você não concebe uma vida sem controle. O que é outra maneira de dizer que você não concebe não ter que estar certa."

20 de dezembro de 2000

Conversa sobre o Natal, sobre eu estar me sentindo espremida entre a depressão da minha mãe e a depressão de Q, as ansiedades habituais dessa época, que estão mais fortes este ano porque não tenho uma festa na qual me concentrar, o que me deixa com a sensação de que não estou "fazendo" o suficiente. Na verdade, já comprei todos os presentes necessários, exceto o de Quintana, porque continuo sem ter a menor ideia do que comprar. Em quase todos os últimos anos, demos a ela uma câmera ou algum outro equipamento associado à "carreira", mas este ano não me senti à vontade com essa solução, já que ela me disse há algumas semanas — enquanto estava bêbada, no caso — que eu só falava do trabalho dela.

"Ela já tem uma câmera digital?"

Não, respondi, e essa seria uma boa ideia, se ela mesma tocasse no assunto, caso contrário, eu não tinha certeza se seria bom reforçar o que parecia ser uma impressão de que estávamos pressionando ou direcionando ela para o trabalho.

"Mas certamente ela encara a fotografia como algo mais do que apenas 'trabalho'."

Eu respondi que, a essa altura, eu já não sabia mais. Ela estava claramente com medo, mantendo a fotografia a distância e chamando-a de "trabalho", mas, por outro lado, talvez não tivesse o temperamento para essa profissão. Tem o talento, mas talvez não o temperamento — quando se faz algo assim, as rejeições são constantes, e o reconhecimento só vem depois que se está bem estabelecido —, talvez a rejeição fosse demais para ela, talvez ela devesse estar fazendo outra coisa, talvez toda a ideia de fazer algo "criativo" tivesse sido baseada no fato de nós vivermos dessa maneira, talvez ela devesse reavaliar suas opções.

"Isso com certeza é algo sobre o qual ela e o dr. Kass estão conversando."

Respondi que não sabia sobre o que eles conversavam. Eu mesma não havia tocado nesse assunto com ela. Embora tivesse dito — algumas vezes, recentemente, quando ela reclamava que "odiava Nova York" — que ela não precisava morar em Nova York, que podia morar onde quisesse, que tinha um apartamento próprio, podia vendê-lo, morar onde quisesse.

"O que ela disse?"

Falei que ela disse que não era o momento certo para pensar nisso. E é claro que não é. Mas eu só queria mostrar que ela tinha opções, que podia tomar decisões, mudar de vida.

"Acho que os vínculos afetivos são importantes demais para ela considerar uma mudança. Mas também acho que ela e o dr. Kass deveriam estar explorando os sentimentos dela em relação ao que chama de 'trabalho'. Uma vez eu perguntei a você se ela já havia enviado alguma fotografia para algum tipo de concurso."

Respondi que sim, uma vez, na faculdade, e que ela havia vencido o concurso, o que resultou em ter a fotografia exposta em um outdoor em uma rodovia em Nova Jersey.

"Esse é um retorno bem claro. É curioso que ela não tenha continuado a participar de concursos. Eu me pergunto o motivo."

Eu disse que outra coisa sobre a qual eu não tinha certeza era como lidar com a questão de dar dinheiro a ela. Dissemos que íamos dar um presente a ela — mencionamos uma quantia de cem mil dólares —, o que lhe daria alguma segurança agora que ela estava começando a trabalhar por conta própria. Mas isso sempre foi apresentado como um "investimento", uma quantia que ela poderia usar, na prática, para impulsionar a carreira. Claramente, agora — quando ela basicamente passava metade do tempo na terapia e, pelo que sei, não fazia algo relacionado a trabalho na outra metade —, ela iria precisar de dinheiro para se manter. Mas a ideia não era que esse dinheiro fosse um sustento. Eu não conseguia falar com ela sobre isso — tinha medo de que a conversa se deteriorasse para algo como: "Minha saúde não vem em primeiro lugar?".

"Acho que seria muito mais fácil conversar com ela se você já não tivesse uma preocupação em mente."

Como assim?, perguntei.

"Eu quero dizer se você não estivesse sempre se perguntando se deveria ou não dar o dinheiro a ela. Você não vai resolver nada se não der o dinheiro a ela, porque, primeiro, toda vez que falar com ela você vai ficar se perguntando se ela tem dinheiro suficiente para pagar o aluguel, e, segundo, ela vai perceber por que você não está dando o dinheiro, vai pensar que não está dando porque acha que ela não merece. Então, dê o dinheiro, tire isso da equação. Assine o cheque e entregue-o a ela, com naturalidade, com o mínimo de conversa possível. Não diga a ela o que fazer com o dinheiro. Conhecendo a dinâmica da sua família, ela provavelmente vai achar que você espera que ela entregue o dinheiro a algum consultor financeiro, para investir. Portanto, deixe claro que ela pode fazer isso, se quiser, ou pode fazer qualquer outra coisa. O dinheiro é dela. Ponto-final."

Eu disse que havia pensado muito sobre nossa conversa da semana passada sobre Tony Kennedy, que, é claro, tinha sido uma conversa sobre mim. Percebi que o traço mais forte da minha personalidade era resistir às concessões, resistir a jogar o jogo. Contei que meu pai também era assim, ao extremo. E que agora eu entendia que os Kennedy tinham crescido em uma rede na qual favores podiam ser pedidos e retribuídos, na qual se faziam concessões. Mas eu, não. Por exemplo, o trabalho "adequado" de verão, quando se estava no ensino médio em Sacramento, era trabalhar na Feira Estadual. Todo mundo fazia isso. Bastava um telefonema dos pais para conseguir uma vaga. Meu pai sabia para quem ligar, mas nunca ligou.

"É possível — tentando enxergar isso da maneira mais favorável — que ele fosse um idealista? Que realmente não soubesse como as coisas funcionavam?"

Respondi que achava mais provável que ele não soubesse pedir favores. Expliquei que ele havia crescido de uma maneira peculiar. A mãe tinha morrido quando era criança, e ele e o irmão mais novo foram morar com a irmã solteira do pai, uma mulher tão incapacitada e medrosa que, em outra cultura ou outra época, provavelmente teria sido internada. Ela tinha medo de sair depois do pôr do sol, tinha medo de andar de carro — dirigir, nem pensar. Em certa medida, meu pai foi acolhido pela família da mãe, que ele amava, mas o pai e a tia deixaram marcas. Quando foi para Berkeley, o pai não lhe deu nenhum dinheiro, não porque não tivesse, mas porque não achava que o filho devesse perder tempo com faculdade. Então, papai teve que suar para pagar cada centavo.

"É uma lição severa. Isso deve ter influenciado a maneira como você foi criada."

Expliquei que sim e não. Ele não era cruel como o pai — o pai dele morreu quando eu estava na faculdade e eu ainda o chamava de "sr. Didion" —, mas tinha atitudes complexas em relação a dinheiro. A única vez em que minha mãe demonstrou uma raiva verdadeira dele foi quando nos mudamos para a Walnut Road e Jimmy queria uma piscina, e papai disse que sim, contanto que Jimmy cavasse o buraco. Então, durante todo aquele verão — um verão muito quente típico de Sacramento —, Jimmy tentou cavar uma piscina, em um terreno onde a camada mais compacta do solo começava a cerca de dois centímetros da superfície. Um dia, minha mãe me disse, furiosa: "Olha para ele lá fora cavando! Mesmo que, por algum milagre, ele consiga, seu pai nunca vai pagar para instalar uma piscina".

“Seria muito improvável que parte desse raciocínio — se quiser uma piscina, cave; se quiser dinheiro, ganhe — não influenciasse essa questão de dar dinheiro a Quintana. Acho que você tem que pensar nisso como um presente para si mesma. Você está se permitindo dizer que confia nos valores dela. E, se não confia nos valores dela, não dê o dinheiro.”

Respondi que confiava nos valores dela. Só não confiava no bom senso.

“Bom senso é algo que as pessoas aprendem fazendo. Não deixando que os pais façam por elas.”

3 de janeiro de 2001

Eu disse que, depois que conversei com ele na semana passada, me senti estranhamente melhor. Até quarta-feira à noite, nada havia mudado ou melhorado, mas finalmente me dei conta de que eu poderia manter certa distância sem abandoná-la — que, de qualquer forma, minhas tentativas de "resolver" ou administrar a vida de Q eram inúteis, que a única coisa que eu poderia fazer era tentar viver minha própria vida. Então, começando, de certa forma, com seu telefonema na quinta-feira, ela parecia estar saindo da queda livre. O telefonema de quinta ainda tinha um tom um pouco estranho, mas parecia pelo menos indicar um reconhecimento de que ela deveria estar tentando administrar a própria vida. Eu disse que ainda não sabia se ela reconhecia isso em um nível consciente ou se estava respondendo ao que achava que eram nossas expectativas — mas era melhor do que a queda livre.

Contei a ele sobre as conversas que você e eu tivemos sobre amigos, antigos e novos — você disse que se sentia afastado de nossos amigos mais antigos, da mesma forma que eu. E sobre como — depois do jantar com os Halberstam, do almoço no sábado e de ver os Dickey no sábado à noite — nós dois sentimos que de fato tínhamos amigos, mas eram amigos diferentes.

"Isso é muito positivo", disse ele. "Ainda mais para vocês dois. Vocês têm recursos limitados dentro da própria família. Têm apenas uma filha — não têm netos — e essa filha tem uma capacidade, que oscila entre altos e baixos — na maioria das vezes, baixos —, de lhes proporcionar o mínimo diário de intimidade de que vocês precisam. Intimidade é justamente aquilo com que ela tem mais dificuldade de lidar. Portanto, vocês não podem contar com ela para isso. O que — para vocês dois — torna ainda mais importante ter amigos íntimos, desenvolver uma intimidade real fora da família, do que para a maioria das pessoas. Perder amigos — sentir-se afastado deles — é algo que acontece com a maioria de nós à medida que envelhecemos. Poucos de nós cultivam novas amizades. A maioria simplesmente se refugia na família. Vocês não podem. Portanto, quanto mais cultivarem amizades, melhor. Vocês precisam manter essas conexões vivas. Receber pessoas em casa é uma grande parte disso. De novo, à medida que envelhecemos, tendemos a parar de receber, porque demanda um esforço muito grande. Você mencionou, por exemplo, que sentiu falta de receber as pessoas na sua casa neste Natal."

Eu disse que, por mais que reclamasse das festas, elas faziam com que eu me sentisse útil de uma forma que não me senti neste Natal.

"É mais do que útil. Elas fazem você se sentir conectada. Conexões são do que você mais precisa."

Contei a ele sobre os casamentos das filhas dos Trillin, o segundo dos quais foi, para nós dois, um tipo de momento que não se pode ignorar ou racionalizar.

"Isso deve ter sido extremamente traumático", disse ele. "Quantos amigos de longa data você tem na vida? Então vocês descobrem — ou acham que descobrem — que a amizade não significa exatamente o que vocês achavam que significava."

Eu respondi que não acreditava que tivesse sido uma decisão de Calvin. Achava que era apenas um caso de acatar o desejo das filhas.

"É isso que todo mundo faz agora. Não é saudável. Não é esse o objetivo de um casamento. Casamentos não são para fazer da noiva uma estrela, são para marcar o momento em que o casal assume seu lugar na sociedade junto. Isso envolve outras pessoas."

Contei a ele o que aconteceu com Q na véspera de Ano-Novo — talvez porque também estivéssemos em uma situação extrema, mas acabou sendo uma noite muito íntima. Ela chegou e ficou um pouco chorosa, porque todo mundo estava indo a festas e se divertindo muito, mas ficou claro que, na verdade, nem todos estavam se divertindo — nós, por exemplo, não estávamos, e ela pareceu ter entendido isso. Contei que havia sugerido — quando ela reclamou do AA, de que as pessoas do AA não se importavam de verdade, como diziam — que talvez ela não estivesse se mostrando disposta a aceitar ajuda, que talvez ela fosse um pouco como eu, sempre tentando parecer no controle, nunca querendo que alguém achasse que eu precisava de ajuda, por medo, talvez, de que a ajude fosse negada, de que me rejeitassem. E ela pareceu concordar que fazia isso. Então, no dia seguinte, quando conversamos com ela, parecia realmente ter se divertido no evento do AA — e, quando comentamos sobre isso, ela disse: "Vocês dois me ajudaram a me sentir melhor".

"É para isso que você vem trabalhando. É nesse ponto que você vem se esforçando tanto para chegar. Ela poder dizer isso. Ela ainda não vai conseguir expressar essa proximidade com regularidade, mas o simples fato de expressar isso já é um grande avanço."

Contei a ele sobre minha conversa no estilo Livia Soprano com minha mãe no Ano-Novo. Ela "não fazia ideia" se Jim estava na cidade, mas depois ficou claro que ela o tinha visto naquela manhã. "Ele só pensa em jogar golfe", reclamara, mas havia dez anos ela vinha pedindo que ele se aposentasse e, depois que ele se aposentasse, que "parasse de viajar e fosse jogar golfe". Agora, ele havia "parado de viajar" e estava jogando golfe, tinha inclusive alugado uma casa em Palm Desert e pretendia ficar quatro meses lá sem fazer nada além de jogar golfe. Essa foi a reclamação. Eu disse que sabia que nada que eu ou ele fizéssemos ou deixássemos de fazer poderia fazê-la feliz a essa altura, mas me perguntava se meu irmão se dava conta disso.

"Eu diria que, se ele está indo passar quatro meses em Palm Desert, então ele se dá conta."

17 de janeiro de 2001

Contei ao dr. MacKinnon sobre o jantar de ontem à noite. Q dizendo que queria ir a um restaurante barulhento porque tinha a sensação de que tudo o que fazia era ir a reuniões e comer em cafés. Então, ela disse que tinha algo a nos dizer e contou que seu psicólogo na internação parcial queria que ela participasse de um grupo adicional, e ela não gostava de pensar que estava "tão doente". E eu disse que não era uma questão de estar doente, mas por que ele havia recomendado isso? E ela respondeu que foi porque teve uma recaída na semana passada e, quando estavam falando sobre o motivo da recaída — "porque eu estava solitária e deprimida" —, o psicólogo sugeriu esse grupo adicional.

Depois, contei a ele sobre nossa conversa hoje de manhã. Reconheci que eu estava sempre tentando intervir e "resolver o problema dela". Reconheci que precisava parar com isso, e estava tentando, mas, às vezes, parecia que ela *esperava* que eu resolvesse o problema, *queria* que eu fizesse isso. Como se ela tivesse uma *passividade* extrema quando se tratava da própria vida.

"É claro que ela quer que você resolva o problema dela", disse ele. "Esse é o padrão mais pré-estabelecido dela. Essa é a fonte do problema. Em vez de pensar nisso como uma passividade extrema, no entanto, seria mais adequado pensar nisso como uma dependência extrema. Ela está em pânico com a ideia de tomar uma decisão. Tem medo de tomar a decisão errada."

Eu disse que tinha falado com ela ao telefone hoje, e ela contara que o conselheiro tinha dito que ficaria feliz em conversar comigo sobre o programa. E eu dissera que não se tratava de mim, que a decisão não cabia a mim, mas a ela. E ela não aceitou isso. No fim da ligação, ainda estava dizendo que me enviaria as informações por fax e que eu poderia lhe dizer o que achava.

"Você disse que não ia ler?"

Claro que não, respondi.

"Por que não?"

Respondi que ia parecer que eu não estava interessada nela.

"Você acha que há a menor dúvida, na mente dela, de que você se interessa por ela?"

Eu disse que achava que não.

"Você vai ter que falar com ela sobre isso. Ela tem uma dependência extrema. Você é a pessoa de quem ela depende, porque é a pessoa a quem ela recorreu — durante toda a vida — para tomar decisões. Ela já tem trinta e quatro anos e você ainda está intervindo. É claro que ela quer que você intervenha — porque assim a responsabilidade é sua, não dela. Você está lhe dando exatamente o que ela quer: ela pode ficar livre de responsabilidades e pode se ressentir de você por controlá-la. Esse é o padrão. Não tivemos muita sorte tentando mudar esse padrão nela, por isso estamos tentando mudar em você. Acho que você deve dizer a ela — e vai ter que dizer isso umas vinte e cinco ou cem vezes —: 'Eu cometi um erro. Deixei que você se tornasse dependente de mim. Achei que, assim, eu demonstraria o quanto eu a amava, achei que assim poderia protegê-la, mantê-la segura. Agora sei que prejudiquei você ao protegê-la demais. Sinto muito por não ter percebido isso antes. Mas agora vou mudar. Não vou mais tomar decisões por você. Posso dar conselhos sobre como tomar decisões — o processo — maneiras de avaliar pessoas e medidas —, mas não posso tomá-las por você.'"

Perguntei o que seria dar conselhos sobre o processo.

"Bem, uma coisa que ela parece não perceber é que nem toda decisão é uma prisão perpétua. Veja essa internação parcial, por exemplo. Ela pode pensar em experimentar, ver se ajuda. É um tratamento de curto prazo. Ninguém espera que ela fique lá por muito tempo. Se ajudar, tudo bem. Se não ajudar, ela vai saber e vai poder tomar uma nova decisão. Mas você, não. Diga a ela que, a menos que ela esteja em perigo iminente — um perigo que você esteja identificando; e ela, não —, você não vai mais tomar decisões por ela."

Após uma pausa, eu disse que, na verdade, identificava um perigo iminente. O perigo que identificava era que, quanto mais ela se via como uma inválida — quanto mais se isolava de uma vida social normal e de uma vida profissional normal —, mais perto ela estava do suicídio.

"Eu concordo", disse ele. "No entanto, ela não está totalmente isolada nessa internação. Esse processo exige uma boa dose de interação social. O que faz com que seja melhor para ela neste momento — em curto prazo — do que ficar sozinha no apartamento dela, bebendo. É claro que deve parecer um retrocesso — um recuo — saber que já foi um membro funcional de um ambiente de trabalho exigente e agora não é mais. Mas ela tinha chegado a um ponto em que aparentemente não conseguia mais funcionar. E há situações muito piores em que poderia estar agora do que na internação parcial."

Ainda assim..., falei.

"Não é a vida real", completou ele. "Não. Mas não é um recuo permanente. Ela vai voltar à vida real. Quando tiver desenvolvido algumas habilidades para viver uma vida real."

Em seguida, ele voltou à questão do suicídio. "De uma forma perversa, o que a impediria de se suicidar — talvez o único motivo forte — seja a ideia de que isso mataria você e John. Como eu já disse, você precisa manter essa ideia viva nela. Enquanto um de vocês estiver vivo, não achamos que ela vá ter uma atitude tão drástica. E, depois que vocês morrerem, ela provavelmente já vai ter encontrado outra coisa pela qual valha a pena viver."

Falamos sobre suicídio em geral, mais especificamente o de Stephen. Eu disse que ele quase tinha matado os filhos, como no caso ocorrido há algumas semanas em Long Island.

“Sabe aqueles casos em que a mãe se mata e mata os filhos para não os abandonar? Achamos que há algum elemento disso em casos como o de Long Island. É provável que seja algo profundamente inconsciente, mas é um sentimento de que você não pode abandonar sua família, não pode deixá-los sozinhos e sofrendo.”

31 de janeiro de 2001

Falei a respeito da impressão que tivemos do jantar em Dawat — de que Q estava bem, de que estava se esforçando muito, mas ("ou 'e' — não tenho certeza de qual seria a conjunção certa aqui") não está se divertindo. Discutimos isso. Eu disse que ela ainda estava claramente muito deprimida — era perceptível em sua incapacidade de fazer coisas simples, como comprar um aparelho de fax.

"Não faça isso por ela", disse ele. "Tudo em você quer facilitar as coisas para ela, mas se o fizer, vai privá-la da satisfação de ter feito sozinha. Esse tipo de incapacidade de realizar tarefas mundanas é típico da depressão. Obviamente, é algo que eles trabalham nas sessões em grupo."

Eu disse que sim, ela tinha dito isso. Portanto, estava tentando. Ainda assim, não estava conseguindo fazer as coisas, e esse tipo de organização era algo natural para ela aos dezesseis, dezessete anos de idade — eu ficava admirada com isso, porque eu mesma tinha tendência a procrastinar, envolver-me em uma coisa e deixar todo o resto de lado. Ela nunca foi assim.

"A capacidade ou incapacidade dela de fazer essas coisas simples é o indicador mais evidente da depressão. Ela precisa lidar com isso sozinha. É o que ela está fazendo na situação atual."

Falei que tinha percebido, na noite passada e antes disso, algo preocupante na atitude dela em relação à situação que estava vivendo. "Desprezo" seria uma palavra muito forte, falei, mas havia algo.

"Autodepreciação?", sugeriu ele.

Não é forte o suficiente, comentei. Não conseguia identificar ao certo.

"Deve ser muito difícil para ela", disse ele. "Um dia ela é um membro produtivo da sociedade, tem um bom emprego, um salário, um escritório, um cargo, e, no dia seguinte, não tem mais. Está por conta própria."

Eu disse que era um pouco mais complexo do que apenas estar por conta própria. Ela não estava pensando em si mesma como alguém "por conta própria". Parecia estar pensando em si mesma como uma paciente.

"E há o aspecto da vergonha", sugeriu ele. "Ela odeia a situação em que se encontra e, de certa forma, se odeia por estar nela."

Sim, concordei. Essa foi a impressão que eu tive. E eu não sabia até que ponto poderia conversar com ela sobre isso.

"Acho que você não pode, a menos que ela aborde o assunto. A não ser que ela faça pelo menos alusão a isso."

Eu disse que ela havia feito uma alusão ontem à noite, mas que eu não soubera como aproveitar. Ela tinha visto alguém que achou conhecer no restaurante e comentou algo, de passagem, sobre não saber o que responder quando as pessoas perguntavam o que ela estava fazendo. "O que eu devo dizer? Que estou em um hospício ambulatorial?" E nenhum de nós respondeu.

"Quando ela faz alusão ao assunto dessa forma, acho que o importante é enfatizar a força que ela demonstra por conseguir fazer isso — dar uma pausa na vida e na carreira enquanto se dedica a ficar saudável —, o que exige mais força do que a maioria das pessoas tem. Enfatizem a força. O benefício a longo prazo. O que vocês devem evitar é dar a impressão de confirmar — com o seu silêncio ou até mesmo com a sua aquiescência — o que ela não consegue deixar de achar que vocês pensam, e o que ela mesma mais teme: que não está fazendo nada."

7 de fevereiro de 2001

Falei da reportagem no *Los Angeles Times* de domingo sobre a criança de dez anos que foi morta durante uma terapia não autorizada para transtorno de apego reativo. Eu disse que a reportagem me fez pensar em muitas coisas — (1) se a criança tinha realmente um transtorno ou se a mãe precisava de mais afeto do que qualquer criança (ainda mais aquela) poderia dar; (2) se isso era parte da dinâmica das problemáticas adoções de crianças do Leste Europeu; (3) se isso não seria, talvez em menor grau, verdadeiro para todos os pais adotivos, ao menos para as mães — ou seja, será que elas, por definição, precisam de um filho de uma maneira mais intensa do que o normal?

"Eu diria que, em alguma medida, sim, isso é verdade. A propósito, tive uma paciente que adotou uma criança russa. A criança havia sido adotada na Rússia, depois devolvida, adotada uma segunda vez e devolvida. Portanto, quando essa criança de cinco anos chegou aos Estados Unidos — sem falar uma palavra de inglês —, ela já era uma criança profundamente problemática."

Ele disse que, há alguns anos, em um jantar de ex-alunos da faculdade de Medicina, se sentou ao lado de uma mulher, presidente da associação de ex-alunos, que se especializou em transtornos de apego e afirmou estar obtendo um sucesso considerável com uma terapia alternativa. "Ela aluga um ginásio por três dias, leva três gerações de uma família para lá, todos se sentam em esteiras e cada um conta aos outros suas expectativas e decepções. E assim por diante. Muitos abraços, mas nenhuma das coisas que aconteceram no caso que você descreveu. Ela afirma estar sendo bem-sucedida no tratamento de transtornos de apego, até mesmo em adultos. Ela também afirma estar sendo bem-sucedida no tratamento de autismo, portanto, não estou livre de certo ceticismo. No entanto, quanto mais envelheço — e percebo isso entre meus colegas —, mais disposto fico a considerar tratamentos alternativos. Não dá para não considerar, quando levamos em conta as limitações da medicina tradicional. Principalmente na minha área. Eu encaminhei a paciente com a criança russa para ela."

Eu disse que refletir sobre aquela matéria me fez perceber que, desde o início, eu precisava demais de Quintana. Que ela carregava esse fardo.

"Não é sobre isso que temos falado? Mas não assuma toda a culpa sozinha, ela é uma paciente muito difícil, um caso muito complicado."

Eu disse que reconhecia isso. Outra coisa que a matéria trouxe à tona: reconheci na descrição do transtorno de apego um padrão que ela apresenta. Uma maneira de parecer encantadora e perfeita para o mundo, mesmo quando está desmoronando. Uma forma de dissimular e até mentir, inclusive para si mesma. Eu disse que, na literatura sobre alcoolismo, esse padrão é atribuído ao álcool. Ela mesma, depois de ler essa literatura, descreve isso como "comportamento típico de um alcoólatra". Mas ver isso descrito como um transtorno de apego me fez pensar se aquilo tinha realmente começado com o álcool.

"Não é o álcool. É a personalidade. O álcool funciona como um paliativo para o transtorno de personalidade."

Eu disse que essa habilidade de dissimulação tornava muito difícil avaliar como ela estava em um determinado momento. Agora, por exemplo, ela parecia um pouco mais equilibrada. Estava mais envolvida com o AA. Da última vez que a vimos, ela havia mencionado que, antes de tomar uma decisão definitiva sobre a própria carreira, queria esperar até ter uma ideia mais clara do que ia fazer; que o dr. Kass tinha lhe dito que poderia reduzir as sessões em grupo se encontrasse algo que valesse a pena fazer, e ela estava pensando em fazer um curso de informática.

"Isso parece positivo, mas, como sabemos, ela está empenhada em parecer bem para vocês. A propósito, espero que você perceba — ao descrever o encantamento e a arte de dissimular que caracterizam os transtornos de apego — que o americano mais importante dos últimos oito anos é um transtorno de apego ambulante."

Eu disse que imaginava que ele estivesse se referindo a Clinton.

"Um caso clássico. A necessidade de conquistar, de encantar. A raiva, a autopiedade. Ele não se apega, ele seduz."

Eu respondi que ele parecia ter um vínculo verdadeiro com Chelsea.

"Sem dúvida. E isso vai ser difícil para ela. Nada relacionado às famílias acaba sendo fácil, não é mesmo?"

Falando de família: eu disse que essas reflexões provocadas pela matéria me fizeram perceber que o aparecimento da "outra família" de Quintana tinha sido, para nós, muito mais traumático do que admitimos na época. Quando isso aconteceu, o profundo abalo emocional de Quintana foi nossa principal preocupação, e nosso instinto foi tentar "normalizar" a situação. Quando conhecemos Erin,* por exemplo, tratamos o momento como uma situação "social" normal, como se fosse apenas mais um jantar em um restaurante na companhia de uma nova amiga fofa de Quintana. Não havia outra maneira de lidar com aquilo, mas, ainda assim, isso me impediu de encarar exatamente o que eu pensava sobre o assunto. Tudo no aparecimento dessa família, eu podia dizer agora, me fez ficar sem chão, uma ameaça, e não só para Quintana. De certa forma, eu nunca admiti que temia quem ela escolheria. Eu tinha medo de que, se eles lutassem por ela e nós, por educação, não fizéssemos isso, perderíamos por omissão.

"Acho que o agravamento da depressão que acabou fazendo com que você começasse a se consultar comigo começou nessa época. É significativo que, até agora, você nunca tenha falado sobre isso, exceto em relação ao efeito que teve sobre Quintana. Quando, na verdade, é difícil imaginar uma intrusão pior em sua vida particular."

* A irmã biológica que entrou em contato com Quintana.

4 de abril de 2001

Eu disse que tinha acabado de vir de um almoço e que não tinha conseguido reter nada do que meu interlocutor tinha dito por tempo suficiente para anotar.

"Isso a incomodou?", perguntou ele.

Respondi que sim. Disse que estava cada vez mais consciente disso, que você também estava, que havíamos conversado a respeito, que ambos tínhamos dificuldade de encontrar palavras ou seguir uma linha de pensamento até o fim, que eu tinha dito a você que era por causa da sobrecarga emocional, do estresse e, até certo ponto, acreditava que era, mas mesmo assim era preocupante. Por exemplo, eu não conseguia me lembrar de um número de telefone por tempo suficiente para discá-lo.

"Então você anota e ainda assim tem que olhar para ele antes de terminar de digitar?"

Isso, respondi.

"Bem-vinda ao clube", disse ele. "Mas vamos voltar a esse almoço. O que seu interlocutor estava dizendo era importante para você?"

Na verdade, não, respondi. Eu já havia escrito tudo que pretendia escrever sobre o assunto, não havia razão para eu estar lá, exceto agradar a Bob Silvers.* Ainda assim, estou acostumada a tomar nota e, nessa ocasião, não consegui.

---

* Robert Silvers foi editor da *New York Review of Books* de 1963 até sua morte, em 2017.

"Eu suspeito que houve uma dissonância entre o que estava sendo dito e o que de fato ocupava sua mente."

Nesse caso, é possível, falei. Mas também me pareceu uma falha da memória de curto prazo.

"Há truques para contornar isso. São os mesmos truques que usamos quando estamos aprendendo a estudar, a ler para uma prova. Você ouve ou lê, depois repete para si mesmo — duas ou três vezes se for algo realmente importante —, então escreve. A razão para isso é que ouvir e ler ativam uma parte do cérebro, falar ativa outra e escrever ativa uma terceira. Assim, se você tiver perda celular em uma dessas partes, ainda vai ter a informação armazenada nas outras duas. Contar a outra pessoa também funciona. Não porque você espera que ela lembre e a faça lembrar. Mas porque, assim, você reforça a informação na própria mente. Minha rotina é tão limitada e tão repetitiva que muitas vezes nem consulto minha agenda. Então, quando surge algo fora do comum — uma mudança de horário, por exemplo —, muitas vezes peço ao paciente que me ligue para me lembrar. Se o paciente liga ou não, pouco importa: eu vou me lembrar. Porque, ao falar, reforcei a informação para mim mesmo."

Ele pegou uma pilha de anotações que estava ao lado do telefone. "Está vendo isso? São coisas que talvez eu precise lembrar. Deixo aqui para que eu saiba onde estão. Não é só a idade. Eu vejo meu filho anotar tudo no Palm Pilot, e ele tem só quarenta e poucos anos. No que diz respeito a coisas como números de telefone, nós não decoramos porque não são importantes para nós. Se eu lhe desse um número de sete dígitos agora mesmo e dissesse que era crucial que você o memorizasse, você memorizaria, usaria um truque para lembrar. O número de telefone não está em primeiro plano na sua mente. Sua mente, em tal momento, já está focada na ligação, no que vai dizer quando a outra pessoa atender. É assim com todo mundo."

Eu disse que sempre achava que tirar uma semana de folga ajudaria. Uma semana sem qualquer obrigação, para colocar a casa em ordem, os papéis no devido lugar.

"Isso ajudaria muito. Na verdade, é outro truque. Arrumar o escritório ou a casa, na prática, reorganiza a mente. Isso tem um efeito fisiológico mensurável, está documentado. Eu mesmo venho organizando meus arquivos, porque fiquei sem espaço e não podia mais me dar ao luxo de manter cinquenta anos de documentos fiscais. É demorado, mas tem sido extremamente útil."

Contei a ele sobre a caçamba quando nos mudamos da Califórnia. Que tinha sido libertador, mas traumático. Que, até hoje, eu pensava em coisas que havia jogado fora. Que não havia razão no mundo para que eu precisasse saber, por exemplo, quanto tinha custado levar Quintana ao Royal Hawaiian em 1969, mas que sentia muita falta de poder consultar esse registro.

"Não há razão para eu guardar cheques que minha mãe preencheu quando eu era criança", disse ele. "Mas eu ainda os guardava. Não conseguia jogá-los fora. Eles eram, de certa forma, pedaços de uma vida."

Falando em mães, comentei que a minha parecia melhor na maior parte do tempo, mas, de vez em quando, deixava escapar alguma coisa delirante. Por exemplo, ela não se convencia de que não haviam removido um de seus pulmões no hospital. Quando tentei corrigir isso, ela disse: "Eu sei o que eles fizeram, eu vi a cobrança". Eu disse que achava que ela deveria falar com o médico sobre isso.

"Só para ele saber o que está acontecendo, sim."

Falei que vinha pensando sobre algo que ele tinha dito na semana passada. Ele disse que tentar intervir em favor da minha mãe talvez fosse em vão, mas que ainda assim era importante que eu o fizesse, porque não intervir não seria coerente com a imagem que eu tinha de mim mesma como uma pessoa atenciosa.

"Exatamente."

Bem, falei, não tenho certeza de que "uma pessoa atenciosa" seja de fato a imagem que tenho de mim mesma.

"Era nisso que você estava pensando durante o almoço? Em como precisaria entrar aqui e me dizer essa verdade que por alguma razão eu não havia percebido? Confessar que me enganou? Que fingiu ser uma pessoa atenciosa quando, na verdade, não é? Por que você acha que não é uma pessoa atenciosa?"

Eu disse que essa nunca tinha sido a imagem que eu tinha de mim mesma. Minha autoimagem estava ligada ao trabalho, a sair de casa, ao egoísmo necessário para...

"Ser produtiva?", interrompeu ele.

Eu respondi que isso exigia certo egoísmo. Certo foco em mim mesma. O que ultimamente estava sendo difícil de conseguir.

"Na nossa cultura, isso é algo de que poucas meninas escapam. De uma ideia profundamente enraizada de que elas devem ser as responsáveis por cuidar dos outros, por ficar em casa e cuidar dos familiares doentes. Você rejeitou isso, mas não escapou da culpa. Isso afeta mais as mulheres do que os homens, mas os homens não ficam tão imunes quanto algumas mulheres pensam."

Perguntei se ele sabia, quando disse o que disse na semana passada, sobre eu me ver como uma pessoa atenciosa, que essa não era a imagem que eu tinha de mim mesma.

"Não posso dizer que fiquei surpreso. Achei que você tivesse desenvolvido mais autoconsciência. Mas você realmente não se vê como as outras pessoas a veem, não é? Outras pessoas — inclusive eu — veem você como alguém extremamente atenciosa. Por outro lado, se você se visse dessa forma, não estaria aqui. E é aí que estamos tentando chegar."

3 de julho de 2001

Conversamos um pouco sobre Honolulu e há quanto tempo íamos para lá. Expliquei que, quando morávamos na Califórnia, íamos para lá sempre que ficávamos cansados (especialmente eu, depois do diagnóstico de esclerose múltipla).* Que Quintana tinha estado lá muitas vezes. Lá, eu tinha lhe ensinado as tabuadas. Lá, eu a havia ajudado a ler *Moby Dick*.

"O que a deixou triste de repente?", perguntou ele.

Eu respondi que não era nada, na verdade.

"Foi um pensamento. Um pensamento não é 'nada.'"

Eu disse que achava que era a lembrança de como ela parecia radiante e feliz naquela época, ao contrário de como tem estado nos últimos anos. Comentei que estava surpresa com o fato de esse contraste ter me ocorrido agora, porque eu achava que tinha resolvido isso em Honolulu.

"Pais não resolvem com facilidade os sentimentos que têm ao ver um filho sofrer."

Eu disse que tinha recortado uma matéria que encontrei no jornal. Quando a li pela primeira vez, aqui, a matéria me incomodou. Falava de como empresas americanas vêm adotando novas políticas rígidas em relação à contratação de pessoas com histórico de alcoolismo. Isso

* Didion recebeu um diagnóstico preliminar de esclerose múltipla quando estava na casa dos trinta anos, embora os sintomas não tenham voltado a se manifestar.

estava fazendo com que os seguros ficassem mais caros, era visto como um custo alto demais. Quando li a matéria, me ocorreu que Quintana havia se tornado, para muitas empresas, uma pessoa não contratável. Então, quando li a matéria de novo depois de alguns dias, em Honolulu, eu a encarei com mais objetividade: entre os vinte e os trinta e poucos anos, todo mundo, afinal, desenvolve essa sensação de portas se fechando. Em determinada idade — ainda muito jovem —, você se dá conta de que nunca vai ser bailarina. Mais tarde, se dá conta de que nunca vai ser isso, nunca vai ser aquilo. E constrói sua vida em torno do que resta, das portas que ainda não se fecharam. Isso acontece com todo mundo. O que aconteceu com Q, na verdade, não foi muito diferente. Então, falei, pensei que já tivesse superado.

"Na verdade, por causa das leis antidiscriminação, nenhum empregador em potencial poderia ter acesso ao histórico médico dela. Eles podem até querer saber, mas não podem perguntar. E não podem se arriscar ao contar que ela o revele espontaneamente. Quando eu fazia entrevistas para a faculdade de Medicina, fui alertado a nunca fazer perguntas que pudessem provocar esse tipo de resposta. Se houvesse uma lacuna de um ano em um currículo, por exemplo, eu não poderia nem mesmo perguntar o que o candidato havia feito naquele período. Mesmo com um psiquiatra experiente conduzindo as entrevistas — eu —, algumas pessoas acabavam passando. Tivemos um caso de suicídio e, só depois, soubemos que tinha havido uma série de tentativas anteriores sobre as quais não fazíamos a menor ideia. Qualquer indício evidente de um problema que surgisse na entrevista nos deixaria mais inclinados a contratar, para evitar possíveis processos. Portanto, nesse caso, seus medo eram infundados. Isso não significa que a emoção que instigou esses medos não seja real."

Eu disse que havia comprado um livro sobre o AA em Honolulu. Escrito por uma das pessoas em recuperação que são críticas ao AA. Não uma das pessoas "moderadas", mas uma do tipo Rational Recovery, que acreditava que a abstinência poderia ser alcançada de forma mais eficaz fora do AA, principalmente porque o AA isolava o alcoólatra de tudo que não seja o próprio AA, ao mesmo tempo que fazia com que o alcoólatra se visse como uma pessoa eternamente doente, a "recaída" sendo garantida. Eu disse que meus sentimentos em relação ao AA eram, no momento, conflitantes — eu concordava veementemente com muitas coisas no livro —, mas Quintana estava havia alguns meses fazendo progressos com o AA, ou, pelo menos, com alguma coisa dele. Eu só queria que o programa não a isolasse tanto.

"Concordo com você. Pode isolar algumas pessoas. Outras parecem precisar disso. O programa as afasta de todo o resto e, então, preenche a vida delas com o AA."

Eu disse que essa me parecia ser a configuração no programa. Se você chega a um ponto em que define toda a sua vida em torno de "não beber", está se definindo — com "recaídas" ou não — como "doente" ou "defeituoso". Todas as reuniões a que você vai reforçam essa mensagem.

"Eu concordo. Pode ser perigoso. Mas acho que Quintana tem demonstrado bom senso em relação a isso."

Eu disse que, pelo menos, ela parecia não ter seguido a sugestão da madrinha de abandonar a terapia, com o argumento de que "o AA é um trabalho em tempo integral". Contei a ele que a madrinha dela também tinha sugerido que não seria prudente ela mexer nas coisas da avó comigo no Quatro de Julho, alegando que feriados eram perigosos e que ela deveria estar com o pessoal do AA. Expliquei que sabia que feriados eram perigosos, por isso tinha sugerido que fizéssemos isso.

"Boa ideia. Ainda mais porque o dr. Kass está fora esta semana. Tenho a impressão de que ela se apoia bastante nele nesse período." [Enquanto escrevo isto, me lembro de como ele conseguiu mostrar a ela os "pés como metáfora"— e fazê-la entender — ao passo que, se nós tivéssemos dito isso, ela teria entrado em parafuso.]

Depois falamos sobre meu irmão e a reação curiosa dele à morte da minha mãe. A viagem ao Oregon, as fotos etc. Eu disse que ele sempre a havia ignorado, de certa forma. Não por hostilidade — era parte da cultura em que ele cresceu.

"Parece que ele chegou a um ponto em que está encarando a própria mortalidade. Mortes na família provocam isso.

Você não vê mais muitas gerações à frente, então começa a buscar conexões com as passadas."

Eu disse que essas conexões sempre foram muito importantes em nossa família. Jim sempre as ignorara, mas eu tinha isso enraizado em mim. Então, quando Quintana nasceu, eu abandonei tudo. Aquilo perdeu todo o significado para mim.

"Você não via um ramo para ela na sua árvore genealógica? Por ela não ter seu sangue?"

Respondi que não foi por isso. Foi porque o meu vínculo com ela era tão forte que os laços de sangue perderam o sentido para mim.

"Suspeito que isso reflita seu próprio sentimento — que remonta à primeira infância — de que você era diferente, de que não era parte da família."

Falei que se ele fosse me dizer de novo que toda criança sensível achava que era adotada, podia esquecer, porque eu nunca acreditei nisso.

"A adoção é apenas uma metáfora. Você não precisa acreditar literalmente que foi adotada para não se sentir parte de uma família. Muitas pessoas sentem, em algum momento da vida, que outros pais talvez as tivessem amado mais, valorizado mais. Há uma razão profunda para a persistência do mito da criança trocada. Toda criança pequena é cercada por parentes que apontam as semelhanças dela com este ou aquele lado da família. Os olhos da mãe, o temperamento do pai, essas coisas. Nenhuma criança consegue ouvir isso e não se perguntar, em algum nível: bem, e se eu não me parecesse com eles? Ficariam comigo mesmo assim?"

Eu comentei que uma das coisas que mais perturbou Quintana, quando ela foi para Dallas, foi o fato de as pessoas dizerem que ela se parecia com este ou aquele lado da família.

"Isso deve ter sido devastador para ela. Porque a estrutura familiar de referência eram você, John e suas respectivas famílias. Vocês duas estavam igualmente empenhadas em ela 'se parecer com vocês' — seja lá em qual nível isso fosse definido. O que disseram a ela em Dallas foi compreensível, mas nada que pudessem dizer a teria deixado mais perturbada."

Digamos que você tivesse sido adotado, falei. Digamos que você fosse Quintana. Voltemos a essa ideia de as crianças se perguntarem se outros pais as teriam amado mais, valorizado mais. Seria de se esperar que alguém adotado pensasse isso a respeito de seus pais biológicos, mas, até onde sei, Quintana nunca pensou.

"Claro que não. Eles a entregaram para adoção. Você acha que isso passou despercebido por ela?"

O que significaria, argumentei, que quando ficava com raiva de nós dois, ela esbarrava em um muro. Não podia se permitir ficar com raiva de nós. Porque, em sua concepção, poderia nos perder.

“Sim, esse é um dilema mais urgente para crianças adotadas. Mas não é algo a que o restante de nós esteja imune. Há uma ambivalência em toda relação intensa. A ambivalência é o que a torna intensa. Você ama, você odeia. Crescer é um processo que consiste em aprender a aceitar essa ambivalência.”

26 de dezembro de 2001

Contei ao dr. MacKinnon que, ontem à noite, Q disse, quando perguntei a ela como estava em termos de dinheiro, que estava "bem até abril, quer dizer, maio, quando o dinheiro da Paine Webber acaba, então algum ajuste vai ter que ser feito".

"Ajuste por parte de quem?", perguntou ele.

Respondi que não chegamos a entrar nesse assunto, só disse que teríamos que discutir isso.

"O ajuste que precisa ser feito é ela arrumar um emprego."

Eu disse que, obviamente, essa também era a nossa opinião. Comentei que vinha pensando a respeito e que achava que a melhor abordagem seria presumir que esse era de fato o "ajuste" que ela tinha em mente e começar discutindo em que tipo de trabalho ela estava pensando.

"Como ela está se sustentando?"

Expliquei que, no Natal do ano passado, ela recebeu cem mil dólares de nós e dez mil da avó, totalizando cento e dez mil dólares livres de impostos. Se esse dinheiro acabar em abril, ela terá recebido e gastado seis mil e oitocentos dólares por mês, já descontados os impostos, o que é mais do que o dobro do que ela ganhava, descontados os impostos, quando estava trabalhando. Além disso, estamos pagando as despesas médicas e o seguro dela, de modo que ela tem tido poucas despesas significativas.

"A ideia, é claro, era que fosse um investimento no futuro dela, um apoio enquanto ela começava a se estabelecer profissionalmente, mas, ao que parece, ela não viu dessa forma. Há uma mensagem nisso. A mensagem é que dar mais dinheiro é um desestímulo para que ela aprenda a cuidar de si mesma. Acho que vocês precisam conversar sobre isso o quanto antes, porque ela precisa começar a procurar um emprego. Sei que vocês mesmos têm se preocupado com dinheiro e com o futuro — que pessoa com o mínimo de bom senso neste momento não está preocupada com dinheiro e com o futuro? —, mas as suas preocupações não têm a ver com essa conversa com Quintana. Deixá-la pensar que vocês vão cortar a ajuda financeira porque não têm dinheiro seria cavar um buraco de culpa para si mesma do qual você nunca vai conseguir sair. A mensagem não deve ser de que vocês não têm mais dinheiro. A mensagem é que ela precisa progredir na própria vida e que vocês chegaram à conclusão de que continuar a sustentá-la está impedindo esse progresso. Vocês podem continuar a ajudá-la de forma limitada, por exemplo, pagando as despesas médicas, o plano de saúde, o que for. Mas é evidente que mantê-la financeiramente dependente não está ajudando. O que ela acha que a maioria das pessoas em Nova York faz entre um emprego e outro? Atores trabalham como garçons. Jovens romancistas arrumam empregos temporários. Todo mundo encontra um jeito de se sustentar para viabilizar o que realmente quer fazer. Quintana deveria reconhecer isso. Ela sabe que você e John escrevem roteiros de cinema para bancar seus outros trabalhos."

Respondi que ela não parecia entender.

"Chegou o momento de ela ser confrontada com a realidade. Já que parece incapaz de confrontá-la sozinha. Acho que essa seria uma discussão útil para terem em uma sessão conjunta com o dr. Kass."

Eu disse que presumia que ele estivesse querendo dizer depois que conversássemos com Quintana.

"Na verdade, eu quis dizer conversar com Quintana e o dr. Kass ao mesmo tempo. Meu palpite é que o dr. Kass vem tentando encontrar uma forma de motivá-la e tem esbarrado no fato de ela não precisar do dinheiro porque está sendo sustentada."

Eu disse que achava que uma conversa assim seria recebida como uma emboscada.

"Isso é porque você acha que cortar o dinheiro é uma punição. Não é punição. É o que ela precisa para crescer. Tem tudo a ver com o que o dr. Kass está tentando fazer. Não se trata de uma conversa sobre deixar de apoiá-la financeiramente. É uma conversa sobre apoiá-la emocionalmente. Acho que você poderia muito bem sugerir a Quintana que vocês duas discutam isso com o dr. Kass. Pense nisso."

3 de janeiro de 2002

Discussão sobre Zoloft. Aumentar para um comprimido. Discussão sobre engolir, comprimidos e no geral. Eu comentei que havia notado uma dificuldade para engolir, que vinha engasgando.

"À medida que envelhecemos, esses músculos deixam de funcionar de maneira tão automática. É como o equilíbrio, uma luta constante, é preciso reeducar os músculos. É essencial enfrentar essas coisas, perceber onde estão surgindo fragilidades e corrigi-las. Se, nos próximos três meses, tentar se concentrar em mastigar e deglutir de forma consciente, acho que vai perceber uma mudança significativa."

Eu disse que havíamos iniciado uma conversa com Q sobre os planos dela. Disse que, de modo geral, tudo havia corrido bem, mas houvera um momento desconfortável, em que ela tinha assumido uma atitude negativa quanto à questão do portfólio e do equipamento de informática e ao que fazer primeiro.

"Espero que vocês tenham ressaltado que é preciso dar um passo de cada vez e que, a cada passo dado, ela vai ganhar a confiança necessária para dar o próximo. Não podemos pensar em termos de tudo que é preciso fazer, não podemos tentar realizar tudo de uma vez, senão desistimos antes mesmo de começar."

Eu disse que tínhamos tentado enfatizar o processo passo a passo. Falamos sobre o Havaí. Eu disse que havíamos transmitido a ideia de que ela teria que se sustentar sozinha. Contei que ela tinha dito que queria simplificar a vida, que poderia, por exemplo, "trabalhar nas plantações de abacaxi", mas que parecia não ter uma ideia clara do que queria ou poderia fazer.

"Obviamente, o que está motivando essa mudança para o Havaí, no momento, é a ideia se afastar. Se afastar de vocês, do dr. Kass, recomeçar. Rumo ao oeste, como os pioneiros, digamos."

Respondi que ir para o oeste tradicionalmente implicava alguma expectativa de enfrentar dificuldades.

"Acho que foi nesse sentido que ela disse que poderia colher abacaxis. É isso que ela está dizendo, que está disposta a enfrentar as dificuldades."

Eu disse que achava que o que a motivava era a ideia de que poderia deixar de pensar em si mesma como uma pessoa doente. Obviamente, dado seu histórico nos últimos anos — a desintoxicação, as várias internações —, ela se vê como alguém visivelmente danificada. Ela quer ir para um lugar onde ninguém olhe para ela e veja a mesma coisa. Onde ninguém pergunte: "Como você está, como estão as coisas?". Eu disse que achava que ela devia estar farta disso. Que, na verdade, essa questão surgia toda vez que ela chegava ao fundo do poço. "Por que eu tenho que ser essa pessoa doente?", em muitas variações.

"Então isso é muito saudável. Eu ficaria muito encorajado se essa fosse a motivação dela."

Falei que ela estava pensando em ficar duas semanas lá, para tentar encontrar um emprego e um lugar para morar, mas não tínhamos certeza de que seria tempo suficiente.

"Definitivamente não é tempo suficiente. Diga a ela para se dar tempo."

Respondi que havíamos pensado em três meses, talvez.

"Esse prazo é muito mais realista, de fato."

Eu disse que ela estava confusa sobre o que fazer com o apartamento daqui, e nós dissemos para não fazer nada por enquanto.

"Exatamente. Nada. Ela precisa ter um lugar para onde voltar caso descubra que não é isso que ela quer."

Comentei que me perguntava se deveríamos sugerir — se ela quisesse esperar até o final de maio ou início de junho — que fôssemos com ela para ajudá-la a se instalar.

"É uma ideia errada. Se ela não consegue fazer isso sozinha, então não deve fazer. Para ganhar a confiança de que precisa, ela tem que fazer por conta própria."

E se ela não conseguir?, perguntei.

"Então não conseguiu. Vocês não podem controlar nem interferir nisso. A única mensagem que devem passar é a de que isso não seria o fim do mundo. É uma aventura. Deixem-na tentar. Não esperem o pior, não a tratem como uma pessoa doente."*

---

* Este é o último relato detalhado conhecido das sessões de Didion com MacKinnon, embora ela tenha continuado a se consultar com ele pelo menos até o início de 2012, quando ele já estava em idade avançada (ointenta e cinco anos). O dr. MacKinnon deixou de atender no consultório particular em 2014 e faleceu em 2017. O obituário publicado no *New York Times* destacava que ele foi "um dos clínicos mais competentes de sua época". Era conhecido como um freudiano à moda antiga, ferrenho defensor da terapia pela fala. Um artigo publicado na *New York*

## 9 JAN 03 DR. KASS*

Q estava alguns minutos atrasada. O dr. Kass me pediu para entrar. Perguntei se ele queria começar sem Q. Ele disse que dependia de mim, depois disse: não, você tem razão, isso a deixaria paranoica.

Cerca de um minuto depois, Q chegou, irradiando uma aura de negatividade. "Ele não saiu?", perguntou ela. Respondi que estávamos esperando por ela. Ela passou por mim, entrou no consultório e se sentou. Eu a segui e me sentei também.

Eu disse que não sabia se ele estava a par do incidente que havia levado a tudo aquilo. Quintana interveio e disse que ele não estava a par, pois ela não tinha conseguido marcar uma consulta até hoje. Então, por que você não conta para ele?, sugeri. Ela contou que tinha se consultado com o dr. Roscan e dito que não via sentido em continuar a se consultar com ele, pois ainda bebia "de vez em quando". Fim do relato.

Eu disse que havia outro motivo para eu estar ali e contei sobre nosso encontro de 30 de janeiro.

O dr. Kass disse que, na verdade, o dr. Roscan havia telefonado para ele. No decorrer da conversa, ficou claro que

---

*Times Magazine* em dezembro de 1992, intitulado "Off the Couch" [Fora do divã, em tradução livre], que discute seu desprezo por terapias farmacológicas, refere-se a ele como "John Wayne de terno azul".

* A descrição de Didion da visita ao psiquiatra de Quintana não estava entre os papéis encontrados no arquivo ao lado de sua mesa. Estava em seu computador.

fora o próprio dr. Roscan, e não Q, como presumimos, quem havia encerrado a terapia. O dr. Roscan tinha dito que não sabia mais como ajudar Quintana naquele momento, mas que estava convencido de que qualquer programa convencional — inclusive a clássica desintoxicação de vinte e oito dias — seria ineficaz. O principal motivo era que Quintana não tinha tomado a decisão de parar de beber. A única alternativa em que ele conseguia pensar — e não podia oferecer garantia de que fosse funcionar — era iniciar um tratamento muito mais longo. Ele havia mencionado ao dr. Kass um lugar na Pensilvânia chamado Alima Lodge. Quintana admitiu que ele também havia mencionado isso a ela. O dr. Kass não conhecia o lugar.

O dr. Kass concluiu, depois de conversar com o dr. Roscan, que também deveria suspender a terapia. Não podia continuar a lhe prescrever medicamentos sabendo o quanto estava bebendo. Era perigoso demais, o risco de interação com o álcool superava qualquer possível benefício.

Ele comentou que, por um período, ela parecia estar melhorando — controlando a situação até certo ponto, dando alguns passos para reconstruir a vida. Esse período tinha acabado.

Nesse momento, ela começou a falar sobre como as festas de fim de ano tinham sido difíceis ("Não estou inventando desculpas"), sobre como tudo na vida dela estava desmoronando, o pai estava doente, a vida amorosa estava indo ladeira abaixo, a carreira também.

Eu disse que isso era a depressão falando, que o pai dela estava cuidando da saúde, que a carreira dela tinha acabado de chegar a um ponto em que — se ela quisesse — poderia recomeçar.

O dr. Kass disse que esse período de recaída — esse período de consumo excessivo de álcool — tinha começado muito antes das festas de fim de ano. "Você bebeu hoje", disse ele, "e muito." E, de fato, estava claro que ela havia bebido. Nesse momento, ela chorou.

Vamos falar sobre isso, continuou o dr. Kass. Vamos falar sobre a ideia de que uma mudança radical de cenário a ajudaria. Você está sempre falando em se mudar para o Havaí. Não acho que ajudaria — mas me diga por que você acha que sim.

O conhecido discurso confuso de bêbada sobre como ela odeia Nova York, sobre como todo mundo está sempre em cima dela, fazendo perguntas, a mãe sempre fazendo perguntas e falando sobre dinheiro etc, etc.

Eu disse que não sabia de onde vinha aquela hostilidade, que não estava fazendo perguntas, só estava tentando mantê-la viva. Porque ela estava se matando dia após dia.

Nisso nós dois concordamos, disse o dr. Kass. Ela não só está se matando dia após dia, como também não consegue construir uma vida em qualquer que seja o tempo que ainda tenha — o álcool a impede de levar planos adiante, de manter relacionamentos, de fazer tudo aquilo que constitui uma vida.

Eu disse que tinha dito a ela que não poderia ficar parada, vendo-a se matar. Porque isso também acabaria me matando.

O dr. Kass disse que não achava que fosse útil colocar esse peso sobre ela. Você e eu tínhamos dado o nosso melhor quando ela era pequena, e fizemos isso bem, não perfeitamente, mas bem. Vocês não podem salvar a vida dela agora. Só ela pode fazer isso. Não é útil dizer a ela que precisa viver para manter vocês vivos. Eu me abstive de dizer que o dr. MacKinnon tinha me orientado a dizer isso a ela sempre que pudesse, pois, em sua experiência, essa era a única coisa que prevenia o suicídio.

Passamos a falar sobre a exposição em maio. O dr. Kass comentou que seria uma pena se ela tivesse que iniciar algum tipo de tratamento de longo prazo que a impedisse de realizar a exposição. Eu disse que ela teria que parar de beber antes de ir para a Califórnia. Primeiro, porque iria dirigir, e poderia se matar ou matar outra pessoa se dirigisse embriagada. Segundo, ela ficaria hospedada na casa de amigos e não poderia levar seus problemas com o álcool para a vida de outras pessoas.

Nesse momento, ela ficou muito irritada e disse que é claro que pararia de beber antes de ir para a Califórnia, fim de papo, não havia mais o que discutir, não fazia sentido ficarmos ali repetindo a mesma coisa várias vezes.

Diante desse impasse, perguntei ao dr. Kass se ele conhecia Marc Galanter. Ele respondeu que sim, com certeza, que era uma das poucas pessoas que ele respeitava no campo do abuso de substâncias, um nome que ele já tinha pensado em mencionar. Na verdade, Marc Galanter havia sido seu supervisor em determinado momento. Ele achava que uma consulta com o dr. Galanter poderia ser um primeiro passo lógico. Quintana queria que ele fizesse a ligação? Quintana respondeu que sim. O dr. Kass ligou para o consultório dele e pediu que entrassem em contato com o dr. Galanter para que ele retornasse a ligação, precisava encaminhar uma paciente o quanto antes.

O dr. Kass vai atender Q novamente na quinta-feira, 23 de janeiro, meio-dia e meia. A ideia é que, até lá, ela já tenha se consultado com o dr. Galanter. Nesse momento, um plano será discutido.

Em 26 de julho de 2003, pouco mais de seis meses depois de Didion ter se sentado com Quintana no consultório do psiquiatra, Quintana se casou. Ela e o marido foram morar no antigo apartamento dela, não muito longe do apartamento de Didion/Dunne. Em 22 de dezembro, Quintana não estava se sentindo bem, e o marido a levou a um hospital próximo, então conhecido como Beth Israel North. Ela foi diagnosticada com gripe e mandada para casa. Em 25 de dezembro, o marido a levou novamente ao hospital. Dessa vez, ela foi diagnosticada com pneumonia, internada na UTI e entubada. No dia seguinte, entrou em choque séptico. John Gregory Dunne sofreu um infarto e morreu em 30 de dezembro.

Em 22 de janeiro de 2004, Quintana recebeu alta do Beth Israel North e, três dias depois, foi internada no New York-Presbyterian Hospital com embolia pulmonar. Ela recebeu alta uma semana depois e pôde comparecer ao funeral do pai, em 23 de março. Em 25 de março, ela e o marido viajaram para Los Angeles para passar férias. No aeroporto, ela sofreu uma queda e foi levada ao UCLA Medical Center, onde foi submetida a uma cirurgia para drenar um hematoma subdural.

No fim de abril de 2004, Quintana foi transferida da unidade de reabilitação neurológica aguda do UCLA Medical Center e levada para Nova York, onde recebeu tratamento no Rusk Institute do New York University Medical Center por dois meses e meio. Depois de receber alta do Rusk, passou a fazer tratamento ambulatorial.

Quintana foi internada na UTI do New York Weill Cornell Medical Center com pancreatite aguda em 14 de junho de 2005. Em 3 de agosto, uma cirurgia revelou um quadro de colite necrosante e peritonite. Ela morreu no dia 26 de agosto. Tinha trinta e nove anos.

Após a morte de Quintana, um dos médicos especialistas em abuso de substâncias que a trataram escreveu para Didion. Em uma carta encontrada em seu computador, Didion respondeu com gratidão e mencionou que, durante a última internação, Quintana tinha expressado vontade de voltar a fazer terapia. Ela também especulou sobre o que, afinal, teria causado a morte da filha.

"Ainda tenho dificuldade de discernir quanto do que aconteceu com ela se deveu ao alcoolismo, quanto se deveu à depressão e quanto foi resultado de uma sucessão de intercorrências médicas desastrosas apenas marginalmente relacionadas entre si", escreveu ela. "Reconheço a ligação entre pancreatite e alcoolismo, mas não sei se ela teria tido pancreatite se não tivesse passado dezoito meses doente, desde o choque séptico inicial até a embolia pulmonar que se seguiu e a hemorragia cerebral que resultou da administração de varfarina para tratar a embolia."

Este livro foi impresso pela Maistype, em 2025, para
a HarperCollins. O papel do miolo é pólen
bold 90g/m$^2$, e o da capa é couchê.